사랑받지 못하는 공화국

브라이언 마이어스 지음

박영사

머리말

2023년에 북한이 정찰위성을 탑재한 운반로켓을 발사했을 때 북한의 지도자 김정은은 "우리 공화국"의 위대한 달성을 찬양했다. 그 반면에 한국이 누리호 3차를 쏘아 올렸을 때 윤석열 대통령은 "우리나라"가 우주강국 대열에 들어섰다고 하며 반겼다. "우리 공화국"과는 달리 '우리나라'라는 표현은 특정 정치적 또는 헌법적 공동체를 뜻하기보다는 한민족과 그의 고대 영토를 뜻한다. 일본어의 "와가쿠니"가 이와 유사한 단어이다.

대통령의 이 발언은 나에게 놀랍지 않았다. 한국에서는 참사나 인권유린과 같은 모든 잘못된 것들은 언제나 국가의 탓으로 돌려지는가 하면 모든 성공과 자랑스러운 업적은 무조건 민족이 이룩한 것으로 다뤄진다.

이 책은 이러한 국가정신의 결여가 왜 한국의 안보를 위협하고, 왜 한국의 발전에 장애물이 되는지 설명하기 위한 나의 시도이다. 혹 독자는 미국인, 그것도 북한학을 전공한 미국인이 남한의 현대사를 다루는 것은 당치않다고 생각할지도 모른다. 나 자신도 부족함이 많다는 것을 잘 알고 있다. 그럼에도 이 책이 한국 정치 진영 중 그 어느 쪽도 신경쓰지 않는 이 문제에 대한 경각심을 조금이라도 일깨울 수 있기를 바라는 마음이다.

2024년 1월
브라이언 마이어스

목 차 _____

제1장

이 책을 쓰게 된 이유

요즘 서양에서 대학생들이 한국학을 전공으로 선택하는 주된 이유는 한류에 관심이 많기 때문이다. 하지만 내가 1990년대 초 한국학을 공부했을 때는 동료 학생들 대부분이 조선시대나 '한강의 기적', 아니면 소위 민중운동을 연구하고 싶어 했다. 북한에 초점을 맞춘 학생이라고는 나밖에 없었다. 워싱턴 DC에 있는 의회 도서관에서 북한 책을 잔뜩 끌어안은 채로 복사기를 사용할 차례를 기다릴 때면 다른 학자들이 무엇을 연구하느냐고 물어 올 때가 있었다. "북한 문화"라고 하면 믿지 못하겠다는 듯 눈을 크게 뜨며 "북한?"이라는 말을 되풀이했다. 이 분야를 전문으로 한 것은 김일성 정권을 좋아해서가 아니라 북한의 개인숭배와 극단적 민족주의가 나에게 한없이 흥미로웠기 때문이다. 이와는 대조적으로 한국 정치는 지루한 파벌 싸움과 정당 이합집산의 연속으로 보였을 뿐이다. 한국에 와서 대학 교수로 일하면서도 『조선일보』나 『한겨레』보다는 『노동신문』을 읽는 데 더 관심이 많았다.

그렇게 지내던 와중에 2010년 3월 26일 북한이 천안함을 침몰시켰다는 보도를 접하게 되었다. 46명의 젊은 해군들이 목숨을 잃었다는 것이다. 그 열사 중에 한 명은 내가 부산에서 몸 담고 있는 동서대학교 학생이었다. 만약 미국 군함이 그런 공격을 당했다면 우리 미국인의 분노는 하늘을 찌르는 듯했을 텐데 천안함 포격에 대한 일반적인 한국인의 반응은 무관심에 가까웠다. 북한이 2010년 11월 23일에 연평도를 포격했을 때도 소수의 보수 국민들을 제외하고는 아무도 크게 화를 내지 않았다.

이렇듯 지속되는 도발을 대하는 한국인들의 태도를 보면서 한국이 북한 못지않게 독특한 나라라는 사실을 깨닫게 되었다. 그때부터 새로운 호기심으로 주위를 둘러보기 시작했다. 한동안 학교에서 우리 학과장들에게 수시 면접에서 질문할 것들을 고등학교 교과서에서 뽑아 쓰라고 했다. 이전에는 페이지를 대충 넘기다가 질문을 무작위로 골라 썼는데 2011년에는 나는 정식으로 앉아 국사 교과서를 꼼꼼히 살펴봤다. 그리고는 한국 현대사에 대한 서술에 놀라지 않을 수 없었다. 이승만, 박정희, 전두환이 최악의 모습으로 비춰졌을 뿐만 아니라 대한민국 자체가 폭력적인 존재로 묘사되었다. 좋은 것들은 모두 민족이나 민중의 영웅적인 노력에서 비롯되었고, 나쁜 것들은 모두 국가의 탓이라는 내러티브였다.

이와는 대조적으로 북한은 매우 성공적인 사회주의 국가로 다루어지고 있었다. 한 교과서에 실려 있는 그래프는 1946년과 1957년 사이에 산업 생산량이 800%나 증가한 것으로 나왔다. 알아보기 힘들 정도의 깨알 같은 글씨로 된 캡션을 보니 이 터무니없는 주장의 출처는 다름 아닌 『조선민주주의인민공화국 인민 경제 및 문화 발전 통계집』이었다.[1] 같은 교과서에서 박정희 치하의 경제와 관련된 유일한 그래

---

1 김육훈(2007), 『살아 있는 한국 근현대사 교과서』, 288.

프라고는 유명한 "한강의 기적"이 아니라 1970년대 후반의 오일쇼크에 따른 불경기를 보여주는 것이었다.[2] 대한민국에 대한 집필자의 적개심이 하도 노골적이어서 웃음이 나올 정도였다.

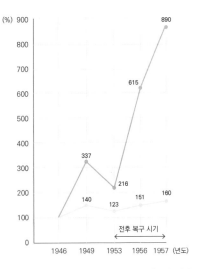

- 조선 민주주의 인민 공화국 인민 경제 및 문화 발전 통계집

한국 정치문화에 관심을 갖게 되면서 그동안 당연하게 받아들였던 것들에 대해 의문을 품기 시작했다. 미국 수도에는 대통령 동상들이 많은데 서울에는 왜 없는 걸까? 전세계 거의 모든 공화국에는 국가 수립을 기념하는 날이 있는데 한국에는 왜 그런 기념일이 없을까? 대한민국 상징들이 정치적 가치를 표현하지 않고 단순히 민족을 기념하는 이유는 무엇 때문일까? 성조기와는 달리 태극기는 순전히 민족을 상징하지만 공화국이 건국되기 이전 시대로 거슬러 올라감으로 이 부분에 대해서는 논의하지 않는 것이 좋을 듯하다. 그러나 국민들 대부분이 태극기 앞에서 애국가를 부를 때 느끼는 것이 국가가 아니라 민족이라는 점은 내 학생들도 모두 인정한다. 다른 상징을 비교해 보자면, 미국 문장은 여러 민족을 통합하는 것으로 하나의 공동체를 만들겠다는 의지(즉 "E pluribus

2 같은 책, 291.

unum")를 라틴어로 표현하는 것과 달리, 대한민국 문장은 또 다른 민족 상징인 무궁화로 구성되어 있다. 달러 지폐에는 공화국의 영웅들인 워싱턴, 링컨 등의 초상화가 그려져 있는가 하면, 한국 지폐에는 공화국 국민이 단 한 명도 없다.

한국의 국가 상징 부족은 국사의 가장 기본적인 사실에 대한 일반적인 무지를 동반한다. 고등학교를 나온 프랑스인, 미국인, 우즈벡인 등 모두가 자신 공화국의 생년월일을 알고 있는데 내 경험으로 볼 때 한국인 대부분은 대한민국이 수립된 날짜는 고사하고 그 해조차도 모른다. 택시 기사부터 내 또래의 교수에 이르기까지 여러 분야에서 일하는 사람들에게 이 질문을 가볍게 던진 적이 있는데 대부분이 잠시 당황한 표정을 짓다가 1919년, 1945년, 1987년, 심지어 5000년 전이라는 답변을 했다. 1948년이라고 정답을 말하는 사람은 아마 10명 중에 한 명 정도였던 것 같다.

물론 국가에 대한 감정이 반드시 역사 지식에 달려 있지는 않다. 하지만 2007년에 실시된 한 여론조사에 따르면 47개국의 응답자들 중 한국인의 국가에 대한 자부심은 겨우 꼴지를 면한 것으로 나타났다. 한국보다 낮은 순위를 기록한 나라는 정상적인 국가로 보기 어려운 팔레스타인과 레바논뿐이었다.[3] 비슷한 시기에 실시된 또 다른 여론조사에서는 한국 학생 10명 중 1명만이 전쟁이 발발할 경우 나라를 지킬 결의가 있다고 답했다고 한다.[4] 그 당시 독도가 뉴스에 많이 나왔기 때문에 그 10%의 상당 부분이 아마도 일본으로부터의 공격을 가정

---

3 Kim Choong-nam, "Rehabilitating our history education," *Korea Joongang Daily*, 2011.01.21.
4 전상인, "건국 60년, 잔치는 끝났다," 『동아일보』, 2009.04.04.

했을 거라고 본다(다르게 말하자면 국가에 대한 공격이 아니라 민족에 대한 공격을 상상했을 것이다). 목숨을 걸고 북한으로부터 국가를 지킬 결의가 있다고 응답하는 젊은이들의 비율이 10%에도 미치지 못했을 거라고 나는 확신한다. 지난 10년 동안 "헬조선"이나 "이게 나라냐"라는 표현이 유행한 것을 보면 공화국에 대한 충성도가 높아지기는커녕 오히려 더 낮아졌음이 분명하다.

이것은 한국이 적 없는 남태평양의 조그만 섬나라였다면 그리 큰 문제가 되지 않겠지만 분단된 한반도에 있는 한국과 북한은 언제나 정통성을 놓고 겨루어야 하는 처지에 놓여 있다. 이 경쟁에서 민족만 내세우는 대한민국이 민족주의와 국가주의를 한 이념으로 표방해 온 북한에게 뒤질 수밖에 없다. 내가 김정일 통치 마지막 해인 2011년에 평양을 방문했을 때, 여러 주민들이 나에게 아주 자랑스러운 어조로 "우리 공화국"을 찬양해 마지않았다. 뉴스 아나운서들도 언제나 그 구절을 특히 우렁찬 목소리로 강조하며 말했다. 내가 만나 본 탈북자들 또한 이런 자부심이 진심에서 우러나옴을 확인시켜 주었고 김정은 위원장을 싫어하는 주민들조차도 "조선인민민주주의공화국"에 대한 애정만큼은 변함없이 지니고 있다고 한다.

그 반면에 누군가가 한국에서 "우리 공화국"이라는 말을 입에 올리기만 해도 좌익은 물론이고 우익도 이상하게 쳐다볼 것 같다. 내 경험상 보수는 한국에 대한 긍정적인 이야기를 하기보다는 좌파나 북한의 흉을 보는 데 훨씬 더 많은 시간을 할애한다. 지난 반세기 동안 한국은 세계 무대에서 북한보다 훨씬 위상을 떨치고 있지만 국가정신이라는 면에 있어서는 북한을 따라잡을 수 없다고 본다.[5]

---

5 B.R. Myers, "North Korea's State Loyalty Advantage," *Journal of International*

이 모든 것에 주목하기 시작하자 한국에 대한 나의 호기심은 더욱 커졌다. 제대로 된 국가 상징 부재가 국가정신 결여의 원인일까? 아니면 국가정신이 없어서 그런 상징도 없는 것일까? 이런 질문에 대한 답을 찾으려면 한국 역사와 정치를 본격적으로 공부해야 한다는 것을 새삼 느꼈다. 그때부터 나는 북한과 한국을 골고루 연구하기 시작했다.

어느 쪽을 연구하는가에 따라 매우 다른 접근 방식이 필요하다. 고대 그리스 역사와 로마 역사를 연구하는 것의 차이와 비슷하다. 전자는 많지 않은 출처를 한눈에 볼 수 있다는 장점은 있지만 역사와 신화가 뒤섞여 있기 때문에, "과연 이 출처를 믿어도 될까?"라는 고민을 언제나 해야 한다. 반면에 고대 로마 자료들은 비교적 신뢰가 가지만 너무나 풍부해서 기본 지식만 얻는 데에도 상당한 기간이 필요하다.

북한 현대사를 연구하든 최신 뉴스를 분석하든 분량이 얼마 안되는 『노동신문』을 빼놓고는 자료가 많지 않지만 신빙성에 대해서는 항상 의심해야 한다. 그 반면에 한국 현대사 중 한 사건만을 연구한다 하더라도 읽어야 할 자료가 벌써 많은데 계속해서 새로운 사실들이 공개되고 있는 실정이다. 언론인인 내 한국인 친구가 "정치판을 이해하려면 주요 인물의 계보를 알아야 한다"라고 조언해 준 적이 있다. 다르게 말해서 누가 어느 고등학교와 대학을 나왔는지, 어느 파벌에 속하는지 등등을 모르면 안 된다는 것이다. 그 무궁무진한 정보를 마스터하는 일이 미국인에게는 결코 쉽지 않다.

연평도 사건이 있은 지 어느덧 13년이 지났고, 나는 그동안 열심히

Affairs, Vol. 65, No. 1 (Fall/Winter 2011), 115-129.

노력했음에도 아직도 갈 길이 멀고 죽을 때까지 이해하지 못할 듯한 대목이 많다. 그럼에도 한국을 진심으로 사랑하고 걱정하는 한 미국인이 한국 역사와 정치를 어떻게 바라보는지에 대해 독자가 다소나마 귀기울여 주기를 바라는 마음에서 감히 이 책을 쓰기로 했다.

그렇다고 해서 내가 무슨 월등한 국가에서 온 양 한국을 더 좋은 나라로 만드는 방법을 가르치려 하는 또 다른 오만한 서양 작가가 되려는 것은 아니다. 사실 나는 한국이 이제 미국보다 훨씬 더 잘 돌아가는 국가라고 생각한다. 최고 의료시스템을 갖춘 병원에서 저렴한 비용으로 진료를 받거나 늦은 밤에도 안전하게 거리를 거닐 때, 내 고향인 뉴멕시코주 같으면 바로 엉망이 되어 버릴 아름다운 화단을 지날 때마다 이 나라에 살 수 있다는 것을 고맙게 생각한다. 이전에는 미국 기득권이 한국 기득권보다 강직하다고 순진하게 생각했던 적이 있는데, 지금은 단지 미국 쪽의 부패가 더 교묘하게 잘 숨겨져 있을 뿐이라는 사실을 파악하게 되었다. 이제 한국인들이 미국 독자들에게 더 나은 나라를 만드는 방법을 가르쳐 줄 때가 되지 않았나 싶다.

그럼에도 미국으로부터 배워야 할 단 한 가지 중요한 점이 있는데 그것은 바로 국가정신 함양이다. 독자 중 일부는 매우 다른 의견을 가지고 있을 것이다. 여러 대화를 통해 많은 한국인이 국가정신 부재가 과잉 국가주의보다 백배 더 낫다고 생각한다는 것을 잘 알고 있다. 개인주의자인 나도 이러한 사고방식을 충분히 이해한다. 나 또한 나의 권리와 자유를 맹목적으로 국가를 위해 희생하고 싶지 않다. 사실 내 나라의 젊은이들이 백악관이 벌이는 전쟁에 너무 기꺼이 몸을 바친다는 생각이 들 때가 많다. 그러나 합리적 애국심이 국가정신 부

11
제1장 이 책을 쓰게 된 이유

재나 급진적 국가주의 어느 쪽보다 훨씬 좋다는 사실만큼은 아무도 부정할 수 없으리라 믿는다. 미국 정치 학자 윌리엄 갈스턴이 제대로 규정한 바로는 "합리적 애국심"이란 국가가 잘못된 방향으로 가고 있을 때 이를 바로잡고 싶을 정도의 애정을 갖는 것이다.[6] 그 이상도 이하도 아닌 이 정도의 애국심은 좌우를 떠나 양쪽 진영 모두 옹호해야 하지 않을까?

그러나 현재의 양극화가 심한 만큼 어떤 독자는 아마도 나의 이념적 정체성부터 알고 싶을런지도 모르겠다. 문제는 내가 전통적인 정치 스펙트럼에서 어디쯤 위치하는지 나도 잘 모른다는 것이다. 미국 대통령 선거에서 환경주의자인 랄프 네이더(1934~)에게 두 번이나 표를 던졌고 민주당 후보인 버락 오바마에게 한 번 투표한 적이 있다. 아쉽게도 그 이후로 부재자 투표용지 우편물들이 너무 늦게 배달된 탓에 투표하지 못했다.

사실은 내가 가장 중요하게 생각하는 이슈는 동물의 권리와 복지다. 그 이유로 나는 비건, 즉 가죽제품도 사용하지 않는 엄격한 채식주의자다. 서양에서나 한국에서는 동물을 위한 복지 향상을 적극적으로 추진하는 정당은 없지만 우파보다는 진보가 그나마 동물학대를 문제시하고 있는 것 같다. 물론 동물 애호가의 표를 사기위한 소위 "도덕성 과시"(virtue signaling)에 불과한 것일지도 모른다. 유세기간 동안에 남다른 동물사랑을 크게 내세웠던 문재인은 나중에 알고 보니 자신의 개들에게 목줄을 달아 그냥 개집에 묶어 놓고 방관하는, 내가 가장 싫어하는 스타일의 개집사였다. 하지만 마음에서 우러나오는 소리가 아닐지라도 동물복지를 옹호해 주는 민주당이나 정의당

---

6 William A. Galston, "In defense of a reasonable patriotism," *Brookings*, 2018.07.23.

의 일부 정치인들에 대해서는 감사한 마음을 갖지 않을 수 없다.

반면 북한학 연구자로서의 나는 북한에 대한 한국 진보의 견해에 동의할 수가 없다. 그 뿐만 아니라, 내가 특히나 중요시하는 것은 표현의 자유인데 현재로서는 보수가 그런 가치를 진보보다 조금은 더 존중하는 것 같다. 그것도 진심인지 아닌지 가끔씩 헷갈릴 때가 있지만 말이다.

이런 이유로 이 진영이든 저 진영이든 딱 부러지게 어느 한쪽에 내 자신이 속한다고 말하기가 어렵다. 하지만 바로 이 점이 내가 객관성을 유지하는 데 도움이 된다고 본다. 이것이 내가 국가정신 부재에 대한 우익과 좌익의 설명을 모두 거부하는 이유일지도 모른다. 다르게 말하면, 나는 이 문제에 대한 책임을 몽땅 386세대의 영향으로 돌리지 않으며, 1948년에 설립된 공화국이 국민의 사랑을 받기에 너무 끔찍한 독재였다고 생각하지도 않는다. 다음 장에서는 한국 지도층이 시작부터 국가정신 함양을 소홀히 했고 아직도 소홀히 하고 있다는 나의 의견을 펼쳐보고자 한다.

제 2 장

역사를 정리하려는 한국인

모든 사람들은 한국이 유교 문화라고 말하지만 내가 볼 때는 역사에 대한 현재 한국인의 시각은 양반의 역사관에 전면적으로 배치된다. 오히려 고대 그리스 역사관에 훨씬 더 가깝다. 독일 철학자 오스왈드 슈펭글러(1880~1936)는 고대 이집트와 고대 그리스의 시간에 대한 시각을 뚜렷이 구별했다.[1] 이집트인들은 자신들이 살고 있는 시대를 높이 평가하지 않았다. 왜냐하면 자신들이 살고 있는 현재를 단지 지나간 과거와 다가올 미래로 끝없이 이어지는 연속체의 한 점에 불과한 것으로 간주했기 때문이다. 그들은 오래된 것을 우러러봤고, 오래 전에 살았던 파라오를 이상적인 지도자로 여겼다. 현재를 약간 폄하하면서 미래 세대를 위해 상세한 기록을 남겨야 한다는 강박관념에 수천 년 동안 견뎌낼 수 있는 피라미드와 기념비들을 만들었다. 한마디로 지극히 역사적인 민족이었다. 한반도에 피라미드와 같이 오래된 건물은 없지만 조선 시대에 상세하게 기록된 실록들만 봐도 양반들이 이집트인과 비슷한 역사 감각을 지니고 있었음을 추론할 수 있다.

---

1 오스왈드 슈펭글러(2005), 『서구의 몰락』, 1: 25-34.

반면에, 슈팽글러에 따르면, 고대 그리스인은 역사를 의미 있고 방향성 있는 흐름으로 파악하기보다는 교훈적인 옛날 이야기로 가득 찬 다락방처럼 생각했다. 자신이 태어나기 전에 일어났던 일을 연대기화 하거나 분석하는 것에 관심이 별로 없었다. 역사보다 민족을 단결시키고 즐겁게 해줄 멋진 신화를 원했다. 이전 세대에 대한 흥미가 없었던 만큼 앞으로 태어날 후세대에 대해서도 별로 관심이 없었다. 고대 아테네의 기록물, 건물 등이 거의 다 사라졌다는 것은 이런 "무역사적 혼" 때문이라고 슈팽글러는 설득력 있게 주장한다. 그렇다고 해서 부정적인 견해만 있는 것은 아니다. 독일 철학자인 니체(1844~1900)와 하이데거(1889~1976)는 "고조된 현재" 속에서 살았던 그리스인을 높이 평가했고, "mindfulness"(마음챙김)을 표방하는 현대 서양인들도 그의 본을 받아야 한다고 주장한다.

조선시대 양반과 달리 현대 한국인은 고대 그리스와 같은 역사관을 가지고 있다고 내가 생각하는 이유는 오래된 것을 새것보다 열등하게 여기는 한국인의 경향 때문이다. 주기적으로 주변 아파트에서 유리가 깨지고  벽돌이 부서지는 소리가 자주 들려서 나는 왜 그런지 궁금했었다. 그러다 한국 사람들은 비교적 새 아파트라 할지라도 이사하기 전에 대대적인 리모델링을 한다는 걸 알게 되었다. 물론 오래된 것에 대한 반감에 관해 나만 주목하는 것은 아니다. 한국을 찾는 관광객들도 오래된 건물이 없는 것에 대해 실망감을 표한다. 내 수업을 듣는 유학생들도 가끔 "아주 오랜 역사를 자랑하는 민족인데, 왜 오래된 것이 없을 까요?"라고 묻는다. 전쟁 때문만은 아닌 듯하다. 이제는 나의 제2의 고향이 된 부산은 그나마 전쟁 중에 파괴를 당하지 않은 곳이지만 1970년 이전에 지어진 건물을 찾아보기는 쉽지 않다(그 반면에 핵폭탄으로 초토화되었던 나가사키에도 "올드 타운"이 있다). 이 점에 있어서 서울은 좀 더 낫지만 경복궁 같은 곳을 들러서 다니다 보노라면 낡아 보이지 않도록 언제나 새롭고 깔끔한 모습으로 단장하려는 노력이 눈에 띈다. 경복궁과 베이징의 자금성만 비교해 봐도 뚜렷한 차이를 볼 수 있다. 한국에 과잉 복원된 건물들이 꽤 많다는 것은 제대로 복구하는 기술이 부족해서가 아니라 오래된 건물도 새것처럼 보여야 한다고 생각하기 때문인 것 같다.

이 점에 있어서는 내가 세 번이나 다녀온 북한이 한국과 비슷하다. 2011년에 김일성이 유년기를 보낸 것으로 알려진 만경대 초가집의 지붕과 집(사진), 부엌에 진열된 식기, 집 앞에 있는 김치 항아리들까지 아주 새것처럼 보인다. 서양 관광객들은 이런 것들을 보면서 웃음을 자제하느라 고생하지만, 북한 사람들에게는 전혀 이상하지 않다.

이 같은 맥락에서 주목할 만한 점은 한국인은 연대순에 대한 필요성을 별로 못 느낀다는 것이다. 예외는 당연히 있지만 역사적 사건을 올바른 연대순으로 정리함에 있어서는 한국인 학생들이 외국에서 온 교환 학생보다 못한다는 것만큼은 확실하다. 예를 들어, 내가 기말고사에서 6·15 남북 정상회담, 천안함 피격사건, IMF 외환위기 같은 중요한 사건들의 이름을 나열해 놓고, 학생들에게 그 사건들을 연대순으로 배열하라고 한다. 정답은 물론 IMF 외환 위기(1997) → 6·15 정상회담(2000) → 천안함 피격사건(2010)이다. 그런데 이상하게도 한국에서 일어난 일들임에도 외국 학생들이 이런 유형의 문제를 더 잘

푼다. 그들은 "현대사를 파악하려면 중요한 사건들이 어떤 순으로 일어났는 지부터 잘 알아야 한다"라고 생각하는 모양이다. 반면, 한국 학생들은 각각의 사건들에 대해 꽤 잘 설명할 수 있는데 반해 순서대로 나열할 때는 실수를 꽤 자주 한다. 서양인이 역사를 길게 펼쳐지는 이야기로 여기는가 하면, 한국인은 역사를 여러 감동적인 사건의 집합체로 여기는 것 같다. 이런 사건들이 일어났던 날들을 해마다 기념하니까 한국인은 자신들을 역사에 관심 많은 민족으로 간주한다. 하지만 시간적인 맥락이 사라진 수십 개의 사건을 해마다 기념하는 것과 역사의 흐름을 이해하는 것은 매우 다르다.

　나의 관찰이 순전히 학생들을 가르친 경험에 근거한 것은 아니다. 일반 국민들에게 일제시대에 관해 물어보면 대부분이 3·1운동과 같은 주요 사건들을 잘 알고 있지만 식민지화의 대체적인 과정에 대해서는 잘 모른다. 많은 역사학자들조차도 역사적인 사건들을 연대순으로 서술하는 것에 별로 신경을 쓰지 않는 것 같다. 한 단락에서 1987년을 논의하고는 다음 단락은 1982년, 그 다음 단락은 1979년, 대충 그런 식이다. 많은 책에서는 심지어 장들도 연대순으로 배열되어 있지 않다. 예를 들어 박정희 시대에 대한 챕터가 이승만 시대에 대한 챕터 앞에 나온다.[2] 예전엔 이런 점들이 나를 짜증나게 했지만 지금은 재미있는 문화 차이로 받아들이고 겸손한 마음으로 이해하려고 노력한다. 한국 민족은 보통 국제 IQ 순위에서 1, 2위를 차지한다.[3] 우리 미국인보다 똑똑한 민족임이 분명하다. 그러니까 사건들을

---

2 나의 책장에서 무작위로 가져온 『진보의 그늘』(2012)을 예로 들면, 1부는 1990~2000년대를 다루고, 2부는 1960~1970년대를 다룬다.
3 Volkmar Weiss(2012), *Die Intelligenz und Ihre Feinde*, 198-199.

연대순으로 정리하지 못한다고 하기보다는 정리 안 한다고 하는 것이 더 정확하다고 여기는데, 이것은 연대에 별 무게를 두지 않기 때문이라는 결론을 내릴 수밖에 없다.

역사를 단순하고 깔끔한 작은 이야기로 정리하려는 욕구는 고대 그리스인의 전형적인 특징인 것처럼 한국인의 특징이기도 하다. 언제인가 나는 채널A의 『쾌도난마』라는 방송을 시청한 적이 있는데, 원로 보수 논객 한 명이 이야기를 하다가 불쑥 광주 5·18에 북한이 개입했을지도 모른다는 말을 했다. 그때 사회를 보고 있던 박종진 앵커는 난색을 지으며 "그건 다 정리됐잖아요!"라고 애원하는 듯이 말하고는 얼른 화제를 바꿨다. 미국 같으면 미국 남북 전쟁이든 베트남 전쟁이든, 아무도 그 주제에 대한 논의가 이미 정리되었다고 주장하지 않는다. 깔끔하게 정리할 수 없는 것이 바로 역사임은 아마 모든 서양인의 컨센서스일 것이다. 반면 한국인은 역사에 대한 논쟁으로 사회가 분열될까 봐 비정통적이거나 소수의 의견을 터부시하고, 심지어는 특별법으로 금지까지 시키려고 한다. 결국 역사를 정리하자는 말은 역사를 단순한 신화로 대체하자는 말과 다름이 없다.

흥미로운 점은 이 같은 신화는 최근에 일어난 사건에 대한 사람들의 개인적인 기억까지 대체한다는 점이다. 1945년 8월 소련 붉은 군대의 침공을 경험한 평양 시민들조차도 나중에는 김일성이 한반도를 해방시켰다고 진심으로 믿게 되었다. 한국에서는 2년이 채 지나기도 전에 문재인 대통령이 벌써 소위 촛불 혁명(2016)이 주로 남북 관계 개선을 위한 운동이었던 것처럼 말했을 때도 대부분이 "아 그랬나 보다"라는 식으로 이 최신 역사왜곡을 순순히 받아들였다. 오직 최창집 교수만이 "촛불집회는 남북관계에 대한 어떤 요구를 담은 것은 아니

었다"라고 딱 부러지게 지적했다.[4]

예외적인 한국인도 있다는 것을 거듭 강조한다. 내가 한번 만났던 한 여성 기자는 한국 현대사의 크고 작은 모든 사건들의 정확한 날짜까지 너무 잘 기억하고 있어서 내 입이 절로 벌어지게 만들었다. 신화로 단순화된 역사를 다시 역사화 하려고 하는 용감한 학자들도 있다는 사실도 감탄하는 마음으로 인정한다. 그러나 대부분의 한국인이 그런 학자를 의아해하거나 외면하려 한다는 사실 또한 그 자체로 시사하는 바가 크다.

그 이유 중 하나는 북한의 "백두산 혈통"이나 대한민국 기득권 양쪽 모두 고대 그리스와 같은 "무역사적인 혼"을 키울 충분한 동기가 있기 때문이다. 김일성 신화가 북한체제 정통성의 주요 원천인 만큼 그에 대한 추억이 과거의 안개 속으로 멀찌감치 물러가버리면 김정은 정권에게는 권력을 유지하기가 어렵게 될 수 있다. 한국의 경우에는 여러 전문가들이 이미 지적해 왔듯이 남녀노소, 빈부, 좌우, 지역 감정 등을 초월할 수 있게 해 주는 유일한 것은 반일 민족주의, 혹은 "반일 종족주의"다.[5] 일제시대가 역사 속으로 후퇴하지 않도록 꾸준한 노력을 할 수밖에 없는 상황이다. 소위 평화의 소녀상이 마치 살아 있기라도 한 듯 따듯한 옷을 입히고, 목도리를 둘러주고, 모자를 씌워 준다(내가 며칠 전 부산의 "항일 거리"를 지날 때 소녀상의 목둘레에는 레이스로 된 칼라가 둘러져 있었다). 기자들은 이런 행위를 옹호하는 듯이 열심히 사진을 찍어 공개한다.[6] 2022년 10월에 민주당 대표인

---

4 천관율, "우리의 소원은 통일이 아니다," 『시사인』, 2018.05.28.
5 이영훈 외(2019), 『반일 종족주의: 대한민국 위기의 근원』.
6 나혜윤, "소녀상 옷 기부천사들…安부인도 뜨개질해줘," Gobalnews.com, 2013.02.09; 강창광, "털모자 쓴 '평화의 소녀상'," 『한겨레』, 2021.02.03.

이재명은 일본을 두고 "불과 몇 십년 전 대한민국을 침탈했던 나라"라고 했다.[7] 과연 80년은 "몇 십년"인가? 이것은 무역사적인, 다르게 말해서 고대 그리스적인 태도이다. 이 민족의 역사가 유구한데도 불구하고 남한 고교 역사 교과서의 77%는 근현대사가 차지한다(북한 교과서도 비슷한 수준이다).[8]

나는 고대 이집트 식의 강한 "역사적인 혼"이 더 낫다는 것을 암시할 마음은 추호도 없다. 독일 철학자 니체가 지적했듯이 역사는 우리가 생각하는 것만큼 많은 것을 가르쳐주지 못하며, 역사에 대한 집착은 한 민족의 창의성과 모험심을 지나치게 제한할 수 있다. 그러나 이념적 양극화의 가장 큰 이유 중 하나는 양쪽 이념적 진영이 현대사에 대한 자신의 단순하고 감상적인 신화를 고수하려고 하기 때문이다. 일제시대에 대한 공통된 생각을 제외하고는 이 신화들이 서로 양립될 수 없는 것들이다. 이런 상황에서 역사에 대한 공통의 판단에 도달하려는 모든 노력은 항상 신화의 충돌로 귀결된다. 그러다 보니 역사를 두고 전면적으로 싸울 의지가 부족한 보수 진영은 1990년대부터 자신들의 신화를 하나씩 버리고 좌익의 신화를 하나씩 받아들이는 것으로 지지기반을 넓히고 사회통합을 이루려고 노력해 왔다(여수반란 사건 관련 특별법에 대한 국민의힘당의 지지가 대표적인 예다). 이렇듯 잘못된 전략은 국가정신의 결핍을 더욱 악화시켰을 뿐이다. 이러다가는 보수 진영마저도 국내 정치에 북한이 개입한 적이 한 번도 없다는 좌파의 노선을 실제로 믿기 시작하는 지경까지 갈지도 모른다.

---

7 박상휘, "이재명 일본 자위대 도움 받아야?...진지한 성찰과 반성해야," News 1 Korea, 12 October 2022.
8 김연주, "근현대사 비중이 77%?", 『조선일보』, 2023.04.11.

국가정신 함양에 더 현명한 전략은 한국 현대사의 신화를 전부 무너뜨리는 것이다. 물론 이것은 우익도 자신의 신화를 버려야 함을 의미한다.

제 3 장

미국을 너무 믿지 말라는 경고

한국 보수들과 수많은 대화를 나누며 그들에게서 받은 인상은 미국이 대한민국을 영원히 지지하고 방어해 줄 것이라고 매우 확신하고 있다는 것이다. 그런 믿음이 국가정신 구축을 소홀히 하는 데 기여한 것은 아닐까 하는 생각이 든다. "어쨌든 미국이 우리를 지켜줄 테니까 크게 걱정할 일은 없다": 이렇게 생각하는 것 같다. 이러한 사고방식이 왜 위험한지 설명하기 위해, 한국에서는 거의 알려지지 않은 미국 싱크탱크이자 엘리트 사교 클럽인 외교협회(Council of Foreign Relations, CFR)에 대해 간략하게 논의할 필요가 있다. CFR이 1921년 월가의 은행들 및 금융 엘리트에 의해 창설된 이래로 이 협회의 회원들은 국무부뿐만 아니라 미국의 주요 신문사와 명문 대학을 장악해 왔다.[1] 따라서 CFR은 1945년부터 한반도에 대한 미국의 정책을 형성하는 데 결정적인 역할을 해 왔다.

월가는 매우 복잡하고 때로는 모순되는 경제적 이해관계를 가지고

---

[1] Laurence H. Shoup, William Minter(2004), *Imperial Brain Trust: The Council on Foreign Relations and United States Foreign Policy*, James Perloff(2015), *Shadows of Power: The Council on Foreign Relations and the American Decline*.

있는 만큼 그를 미정부 내외에서 대변해 주는 CFR 회원들은 외부적으로 규제 완화, 자유 시장 등을 옹호하면서도 물밑으로는 사회주의 독재 정권과의 긴밀한 협력을 추진해 왔다. 냉전 기간 동안 CFR은 소련과 중공에는 우호적이면서 이승만과 박정희 정권을 향해서는 꽤 적대적인 경향을 보였다. 이는 CFR 회원들이 특히 많았던 카터 행정부(1976~1980)에서 가장 명확하게 드러났다. 당시 미국 지배층은 공산권과는 경제·금융 협력을 발전시키면서 이란·니카라과·한국 등의 우익 정권들에게는 지원을 줄이려는 의도를 갖고 있었다.

지금도 CFR은 미정부의 한반도 정책에 대한 향방을 결정하고 있으며, 한국과 관련된 학계와 언론인들의 논의를 형성하고 있다.[2] 따라서 한미동맹은 위험한 정도로 월가 엘리트들의 변덕에 따라 좌지우지되고 있다. 그들이 수년간 중국에 대한 영향력 확대와 북한의 개방을 희망해 왔기 때문에 CFR도 중국과 북한에 대한 소프트라인 정책을 지지했고, 문재인 정부에 대해서도 아주 우호적이었다(반미 성향인 통일외교 특보 문정인 교수도 CFR과 연관된 단체들에게서 종종 특강 초청을 받았으며, 주요 신문들에 무비판적으로 인용되기도 했다).[3] 그런 노력에도 불구하고 최근 몇 년간 중국은 미국의 영향력 확대에 반기를 들었고 북한도 핵 프로그램 포기를 단호히 거부했다. 그렇다 보니 CFR의 영향력 아래 있는 백악관은 중국과 북한에 강경노선을 취하며 한미일 안보 협력 관계를 강화하는 데 나섰다. 그러나 한국의 보수주의자들

---

2 한 가지 예로 들자면, 한국에도 잘 알려져 있고 최근 한반도에 관한 새로운 핸드북을 발간한 빅터 차는 CFR 회원이다. Victor Cha, Ramon Pacheco Pardo, *Korea: A New History of South and North*, Yale University Press, New Haven, 2023.

3 예를 들자면 Deirdre Shesgreen, David Jackson, "South Korean president Moon seeks deal", USA TODAY, 2019.04.10.

은 이 정책이 단기간 내에 다시 바뀔 수 있음을 잊어서는 안 된다. 미국인인 내 입으로 이런 말을 한다는 게 유감스럽지만, 미국이 배신한 동맹국과 우호국들의 명단은 끝 모를 정도로 길다. 물론 한국에게는 언제나 중국보다 더 나은 군사적, 경제적 동반자이기는 하다. 그러나 카터 대통령이 1979년에 박정희 정부를 "손절"했듯이 미국은 언제든지 또다시 한국에게 등돌릴 수 있다는 것을 염두에 두고 이에 대비해 놓아야 한다.

1968년 청와대 습격 사건이 발생한 지 몇 달 만에 박정희 대통령은 연설에서 다음과 같이 말했다.

"우방과의 유대만 강화하면 된다"는 안이하고 의타적인 국방 의식에만 사로잡혀 있다가 침략적 도발을 당했을 때, 우선 자기 힘으로 이것을 막겠다는 생각도 준비도 없이 남이 와서 막아 주기만 기다리는 사고방식은 버려야 하겠습니다. [….] 이 국토의 주인은 우리 국민이며 우리가 바로 국방의 주체입니다.[4]

구구절절 옳은 말이다. 그러나 소중한 국가 상징이었던 청와대가 해체되어도 개의치 않으면서 집회에서 애처롭게 성조기를 흔드는 한국 보수에게서 여전히 그런 국토 주인의식을 찾아보기 어렵다.

---

4 박정희, "굳은 의지와 용기" (1968.03.07)에서, 박정희 대통령 선집, 6:112-113.

제 4 장

해방기에 대한
수정주의 신화를 수정한다

1970년대에 미국 지배층은 공산권과의 경제·금융 협력을 발전시키려고 했을 때 미국의 한국학계에서 대한민국의 정통성에 의문을 제기하는 이른바 수정주의 경향이 등장한 것은 우연이 아니다. 브루스 커밍스 교수는 그의 유명한 저서 『한국전쟁의 기원』(Origins of the Korean War, 1981)의 서문에서 사회과학연구위원회(Social Science Research Council)와 헨리 루스 재단(Henry Luce Foundation)으로부터 수년간 받은 관대한 재정 지원에 대해 감사를 표했다. 이 두 단체는 모두 신자유주의 CFR과 밀접한 관련이 있다. 책 본론에서 커밍스는 자본주의와 공산주의가 통합되고 소련이 영미 파트너십의 주도를 받아들이는 새로운 세계 질서에 관한 프랭클린 루스벨트 대통령(1933~1945)의 "원대한 비전"에 공감한다는 점을 분명히 했다.[1] 두말할 필요없이 이 "원대한 비전"은 월가의 비전이기도 했다.

CFR의 영향력 아래에 있는 싱크탱크, 대학교와 언론사들의 강력한 지지 덕분에 『한국전쟁의 기원』은 즉시 걸작이라는 대호평을 받으며 한국학을 공부하는 모든 학생들의 필독서가 되었다. 내가 1980년대

---

1 Bruce Cumings(1981), *The Origins of the Korean War*, 102-103, 113.

서독에서 유학을 하고 있을 때 그 책을 처음 읽고는 아주 깊은 감명을 받았다. 돌이켜 생각해 보니 책의 대단한 두께와 묵직함에 주눅이 들었던 건 아닌가 싶다. 몇 년이 지나고나서 다시 읽어봤을 때는 "너무 감상적이고 일방적이네"라는 생각이 들었으니 말이다. 게다가 인용되는 출처들이 압도적으로 미국 자료라는 실망스러운 사실도 의식하게 되었다. 그러다가 나의 첫 번째 책인『한설야와 북한 문학』(Han Sorya and North Korean Literature, 1994)을 쓰면서 커밍스 교수의 주장을 반박하는 말을 몇 마디 했다.

그 당시 커밍스는 거의 신과 같은 권위를 누리고 있었다. 아니나 다를까 출판사를 위해 원고를 먼저 훑어봐 주는 코넬대 교수가 나에게 전화를 걸어와 커밍스 교수에 대한 비판 수위를 낮춰줄 수 있겠느냐고 물었다. 서독에서 대학을 나온 나는 그때만 해도 미국 학계가 어떻게 돌아가는지를 잘 몰랐기 때문에 그 부탁을 별 생각없이 거절했다. 결국에는 출판사가 마지못해 책을 원본대로 출판을 하기는 했지만 커밍스에게 충성을 다하고 있던 아시아학 학술지 편집장들은 평론을 내지 않았다. 이 책이 북한 정치문화에 대한 최초의 영문 책이며, 1차 북핵 위기의 절정기에 나왔음에도 불구하고 특강 요청이라고는 오직 조지타운대에서만 왔다. 1995년 소련 외교문서의 공개로 인해 커밍스 교수의 명성에 큰 타격이 가해진 후에서야 내 책에 대한 평론들이 나오기 시작했다.

『한국 전쟁의 기원』에서 "친일파 청산을 철저하게 한 북한이 한국보다 정통성 있는 국가다"라고 주장하는 부분을 내가 비판하고 나섰던 것이다.[2] 한국에서는 이 같은 주장이 1980년대 송건호, 백기완 등

---

2 *Origins of the Korean War*, 1:80; Brian Myers(1994), *Han Sorya and North Korean*

의 『해방 전후사의 인식』이라는 유명한 논문집에 의해 전파되었지만, 서양에서는 주로 커밍스 교수가 한 주장으로 알려져 있다. 물론 그의 명성이 한국내에 퍼져 있던 "친일청산을 철저하게 한 북한"에 대한 신화에 커다란 힘을 실어주기도 했다. 오늘날에도 버젓이 그 힘을 과시하고 있다. 몇 년 전 내가 대전에서 택시를 탄 적이 있는데 기사와 대화하던 중에 내가 북한을 연구하는 사람이라고 했더니 그는 반색을 하며 "북한은 그나마 한국보다 시작은 잘 했다"고 말했다. 이 같은 역사관은 국가정신을 약화시키는 데 핵심적인 역할을 해왔다고 나는 생각한다.

　실제로는 일제치하의 조선과 가장 유사한 국가는 항상 북한이었다. 정치계를 일직선상에 올려 놓는 것을 상상했을 때 공산주의를 좌편의 끝과 파시즘을 우편의 끝에 위치한 것으로 보는 일반인에게는 이해하기 어려운 주장일 것이다. 그러나 전체주의 체제를 연구하는 전문가들의 컨센서스에 따르면 정치 스펙트럼을 원으로 상상하고 공산주의와 파시즘을 서로 접하고 있는 세력들로 파악하는 것이 더 적절하다. 양쪽이 너무도 많은 공통점을 지니고 있다는 사실을 부정하기 어렵다. 반 자본주의, 반 개인주의, 반 다원주의인 데다가 양쪽 모두 아주 강력한 중앙정권이 개인생활의 모든 부분을 통제할 필요성이 있다고 믿는다.

　20세기에 많은 사람들이 극우와 극좌 사이를 오락가락한 것도 바로 이 이유 때문이다. 나치 선전 전문가 요제프 괴벨스(1897~1945)가 인정했듯이 1920년대 말과 1930년대 초에 나치당에 가입한 사람 상당수가 원래 공산주의자였으

Literature, 39.

며, 나치당은 몇 년 동안 소련을 호의적으로 보았다.[3] 1934년 나치 독일에서 노동의 날을 기념하기 위해 만든 메달을 보면 나치 상징인 스와스티카와 공산주의 상징인 망치와 낫이 결합되어 있는 것을 볼 수 있다. 파시즘과 공산주의가 얼마나 가까이 있는지를 잘 보여주고 있는 셈이다.[4]

1930년대 한국에서도 거의 예외 없이 친일파로 전향한 지식인들은 바로 공산주의자들이었다.[5] 극우와 극좌의 이념을 물론 동일하게 봐서는 안되겠지만 오늘날 널리 알려진 것처럼 양쪽이 정반대가 아니었다.

공통점이 많은 가운데 아주 큰 차이점 하나가 있는데, 즉 극좌 정권의 정당성이 사회평등, 복지, 생활수준 향상에 대한 약속에서 오는가 하면 극우 정권의 정당성은 강력함, 결단력, 민족적 순결함을 구현하는 것에서 온다. 그렇다면 북한은 극우와 극좌가 서로 만나는 지점에서 출발했다고 볼 수 있다. 그 이유는 그때 정권이 소련 출신 고려인과 친일파 출신의 수로 거의 동등하게 구성되었기 때문이 아닌가 싶다.

평양으로 많은 친일파들이 몰려간 것이 그리 이상한 일은 아니다. 일제가 그랬듯이 북한도 반미, 반기독교, 반유교를 표방하면서 명령 경제와 집약적인 공업화를 추구했다. 김일성이 적극적으로 친일파 지식인들을 북쪽으로 유인하기도 했다(그의 동생 김영주는 일본군 헌병

---

3 Otto-Ernst Schüddekopf(1962), *Linke Leute von Rechts*, 181-190.

4 Museum Wolmirstedt, "M_2164: Abzeichen, zum 1. Mai 1934" last modified 2023-06-13. https://st.museum-digital.

5 김윤식, "한설야론: 귀향 모티프와 전향의 윤리 감각," 『현대 문학』 416 (1989.8), 354-375, 363.

보조원으로 활동한 이력이 있었다). 서울에서는 그나마 이광수나 최남선이 감옥으로 가야 했지만 북한에서는 일제에 협력했다는 이유만으로 벌받은 지성인은 단 한 명도 없었다.[6] 그러기는 고사하고, 송영, 최승희, 조영출 등 악명 높은 친일파들이 마르크스－레닌주의에 대해서 완전히 깜깜했음에도 불구하고 문화계 고위직에 앉혀졌고 북한문화를 형성하는 데 중심적인 역할을 했다.

북한문화가 소련문화보다 일제문화에 가깝다는 것은 바로 이 이유 때문이다. 국가형성에 요구되는 많은 상징과 신화들이 표면적으로 북한화된 형태로 계승되었다. 김일성에 대한 개인숭배는 시작부터 일본 히로히토(1901 ~1989)에 대한 숭배와 많은 유사점을 드러냈다. 양쪽 우두머리가 민족의 순진함과 순수성을 구현하는 인물이었던 만큼 백마를 타고 앉은 위풍당당한 모습이 언론에 자주 등장했고 민족을 상징하는 성산(聖山)과 연결되기까지 했다.[7]

백두산은 그때까지는 한반도에서 제일 높은 산으로만 알려

"위대한 수령 김일성 동지께서는 지난 날 공부나 좀하고 일제기간에 복무하였다고 하여 오랜 인테리들을 의심하거나 멀리하는 그릇된 경향을 비판 폭로하시면서 오랜 인테리들의 혁명성과 애국적 열의를 굳게 믿으시고 그들을 새조국 건설의 보람찬 길에 세워주시었다."

－ 1981년에 나온 북한 역사책
『조선 전사』에서.

---

6 물론 한국전쟁 당시 임화, 김남천 등이 숙청될 때 일제시대에 친일했다는 비판도 받았지만, 실제 숙청의 이유는 박헌영의 소위 남노당파에 속했기 때문이다. 이들의 친일 활동은 1947년경에 북으로 넘어왔을 때 김일성에게 이미 잘 알려져 있었다. 예를 들어 김남천은 일본어 작가로 꽤 유명한 인물이었다.

7 B.R. Myers(2010), *The Cleanest Race*, 32-34.

져 있었는데 해방기부터는 북한에서 일본 후지산과 맞먹는 성산으로 우상화되기 시작했다(이영훈 전 서울대 교수가 지적했듯이 대한민국에서 백두산에 대한 우상화는 전두환 시대에 들어서면서 본격적으로 시작되었다[8]). 히로히토와 마찬가지로 김일성은 이승만이나 박정희와 같은 가부장적인 인물이 아니라 부드러운 어머니상이거나 중성적인 "어버이 수령님"이었다. 레닌이나 마오와는 달리 그의 주요 기능은 이론을 가르치거나 정치 의식을 심어주는 것이 아니라 주민들을 자상하게 돌보아주는 것이었다. 김정일도 그랬고 김정은도 마찬가지다.

일제 문화와의 공통점을 북한에서 지적하면 물론 체포되겠지만 김일성이 친일파를 관대하게 다루었다는 것은 예전부터 인정되어 왔다. 그는 1961년 노동당 간부들을 대상으로 한 연설에서 북한 인구의 0.5%만이 친일파, 지주, 남한 사람과 아무런 관련이 없다고 하며, 일제와 협력했던 사람들을 철저히 숙청하면 북한의 발전은 불가능할 것이라고 주장했다.[9] 김일성은 현실을 제대로 파악했던 것이다(동독 정부가 수많은 나치들을 복원시킬 수밖에 없었다는 것은 널리 알려진 사실이다[10]). 북한 역사책은 김일성의 실용주의적 관용을 높이 평가한다.[11]

한마디로 김일성이 친일청산을 했다는 것은 한국 좌익의 신화에 불과하다. 북한 지도층에 그나마 한국 지도층보다 친일파가 더 적었다는 것은 김일성이 소련에서 고려인 경제학자들과 기술 관료들을 영입할 수 있었기 때문일 뿐이다. 그러나 민족주의 기준으로 봤을 때

8 "왜 다시 해방 전후사인가," 『해방 전후사의 재인식』, 1:25-32.

9 Balazs Szalontai(2005), *Kim Il Sung in the Khrushchev Era, 1953-1964*, 168.

10 Claudia Gründer, "Von wegen Entnazifizierung: Nazi-Karrieren in der DDR," MDR.de, 2022.01.17.

11 『조선 전사』(1981), 23: 300.

소련 시민권을 고수하는, 모국어를 잘 못하는 이들이 과연 더 적당한 사람들이었을까? 그렇지 않다. 그들은 북한 주민을 오만하게 대했을 뿐만 아니라 평양 주재 소련 대사관에 들락거리며 북한 기밀을 넘기는 것으로 악명이 높았다.[12]

여기서 알고 넘어가야 할 또 다른 중요한 사실은 노벨상 수상자 알렉산드르 솔제니친(1918~2008)이 지적했듯이 고려인들이 스탈린이 1930년대에 "하수구에 버린" 최초로 희생당한 소수민족이었다는 사실이다.[13] 몇 만 명이 그때 동부 해안에서 먼 우즈베키스탄 및 카자흐스탄으로 강제 이주되는 바람에 얼어 죽거나 굶어 죽었다. 많은 고려인들이 일본을 위해 간첩 활동을 했다는 전혀 근거 없는 의혹으로 인해 처형당하기도 했다. 이 잔혹한 독재에서 출세한 고려인들이 친일파보다 순결한 사람들이었다고 보기는 어렵다.

하여튼 양쪽 지도층에 친일파가 많았다면 왜 대중적 반발이 북한보다 남한에서 훨씬 심했는가? 사실은 1945년만 해도 그렇지 않았다. 히로히토의 항복 선언이 방송된 8월 15일부터 미국 군대가 서울에 입성한 9월 9일까지 38선 남쪽은 계속해서 일본에 의해 통치되었다(제주도에서는 9월 말에서야 일본군의 항복조인식이 거행되었다[14]). 그 몇 주일 동안 일제나 친일파에 대한 분노가 폭발하기는 고사하고 서울은 놀랄 정도로 평화로웠다고 한다. 좌파 성향인 윤학준 작가의 회고록에 따르면 생활수준이 일제하에 크게 향상된 노동계층은 일본 패전에 대한 소식을 듣고 오히려 당혹스러워했다고 한다.[15] 일본어판 신

---

12 Andrei Lankov(2005), *Crisis in North Korea*, 20.

13 J. Otto Pohl(1999), *Ethnic Cleansing in the USSR 1937-1949*, 9, 14.

14 유석재, "4·3 사건의 진짜 원인은 '제주도 反日정서'였다고?", 『조선일보』, 2023.04.07.

문이 일본인에 의해 몇 달 동안 계속해서 발행되었고 서울 거리에서 버젓이 팔렸다는 사실 또한 지목할 만하다(한국인 독자도 많았다).[16] 해방기에 이루어진 한 여론조사에 따르면 한반도 남측에 거주했던 대부분의 일본인이 계속 남아 있기를 원했는데 이 같은 상황으로 미루어 봤을 때 그들이 심한 냉대나 가혹행위를 당하지 않았다는 것을 추론할 수 있다.[17]

조선 공산당도 1945년 8월에 일본인과 협조하라는 벽보를 붙이며 다녔다.[18] 그 당시 간부였던 박갑동이 훗날에 쓴 회고록에 따르면 "그 당시 공산당 간부들은 대개 구 일본군의 군복 … 을 입고 다녔다."[19] 한반도를 떠나려는 일본인들을 강도하는 사람도 있었지만, 그런 사례들은 기회주의적 행위였지 민족주의적 심판과는 거리가 멀었다. 1944년에 해방된 파리에서는 군중들이 거리를 돌아다니며 독일인을 무자비하게 죽였는데 한국에서는 그런 야만적인 일이 벌어지지 않았다.

물론 그렇다고 해서 한국인들이 일본에 원한을 품지 않았다는 것은 아니다. 식민지배는 본질적으로 잔인하고 굴욕적인 일이다. 그러나 식민지에서의 지배민족과 피지배민족의 관계는 전쟁 시의 점령자

---

15 "해방 전후사의 새로운 지평"(대담), 『해방 전후사의 재인식』 2:611-684, 2:625. 윤학준 (1995), 『양반문화 탐방기』, 1:220-221.

16 橫溝光暉(1974), 『京城日報の終刊』, 《昭和史片鱗》, 經濟來往社, 328~341.

17 Kahm, "Between Empire and Nation: A Micro Historical Approach to Japanese Repatriation and the Korean Economy During the US Occupation of Korea, 1945-6," *Journal of Contemporary History*, Vol. 51, No. 1, Special Section: The Dark Side of Transnationalism (January 2016), 131-132, 134.

18 Howard Kahm, 124-144, 131.

19 박갑동(1991), 『통곡의 언덕에서』, 128, 162.

와 비점령자 간의 관계보다 훨씬 더 복잡미묘하기 마련이다. 20세기에 식민지배에서 벗어난 민족이 지배 민족에 보복을 하는 경우는 극히 드물었다. 외국인들과 협조했던 사람들을 모두 매국노로 몰아붙이는 일이 어느 나라에서도 없었다. 최신 연구에 따르면 일반적으로 탈식민 민족들이 그들을 지배했던 나라에 대해 오히려 여느 다른 국가들에게 보다 더 좋은 감정을 느낀다고 한다.[20] 그렇다면 해방된 한국에서 즉각적으로 폭발하지 않았던 반일 감정이 어떤 계기에서 시작된 것인지 우리가 더 비판적으로 생각해 볼 필요가 있다.

한국 대중이 다른 친일파는 몰라도 같은 한국인을 억압한 경찰만큼은 숙청될 줄 알고 일년정도 참고 기다리다가, 영 그럴 기미가 보이지 않자 분노가 폭발한 것으로 설명하려고 하는 사람들이 있다. 그러나 일제시대 때 훨씬 더 잘 먹고 잘 살던 일반 친일파들보다 과연 경찰이 더 큰 원망의 대상이었을까? 서구의 여러 정치학 연구자들이 이미 지적했듯이 어느 독재 체제를 막론하고 인권을 유린하는 가장 심각한 범죄는 보통 국가 형법의 틀 외에서 저질러진다.[21] 자신들의 행동에 대해 윗사람이 책임을 져야 하는데 경찰들이 제멋대로 돌아다니며 행패를 부리는 것이 결코 쉬운 일이 아니다. 독일 유태인 빅토르 클렘페러(1881~1960)는 유명한 일기에 나치 독일의 비밀경찰 게슈타포는 끔찍하기 짝이 없었던 반면에 드레스덴시의 정복 경찰은 끝까지 유태인에게 기본 예의를 지켰다고 기록한 바 있다.[22] 식민지

---

20 Andy Baker, David Cupery, "Animosity, Amnesia, or Admiration? Mass Opinion Around the World Toward the Former Colonizer," *British Journal of Political Science*, 2023.02.15, 1-18.

21 Hans Buchheim(1962), *Totalitäre Herrschaft*, 118; Helmut Quaritsch(2018), *Positionen und Begriffe Carl Schmitts*, 37.

시대의 한반도에서 그와는 상황이 크게 달랐다는 것을 입증할 만한 기록이 없다. 전 서울대 교수 이영훈에 따르면 여성 유괴 행위는 일제 형법이 금하는 범죄였고, 해마다 약 1000건의 정도가 검사에게 송치되었다.[23]

만약 일제시대에 경찰을 향한 극심한 분노가 보편화되어 있었다면, 한반도가 해방되자 마자 지방에서라도 대중이 들고 일어났을 텐데 사실상 그런 일은 없었다. 대신, 경찰에 대한 복수심은 1년 후인 1946년 늦여름, 일본경찰이 모두 본국으로 돌아가고, 경찰력이 한국인들로 크게 보충된 이후에서야 터졌다(작가 이기봉이 지적한 바와 같이

> "경찰이 예상외로 온건히 나오자 최한덕 경위는 현장에서 청년 행동대원 수십명을 뽑아 각 동에 보내 통반장을 통해 경찰관의 주소 및 가정환경 등을 세밀히 조사해 오도록 한 뒤 흥분해 있는 군중을 끌고 가 닥치는 대로 경찰가정의 가재를 부수고 가족을 때리는 등 행패를 부리기 시작했다."
>
> — 박갑동, 『박헌영』(1983)에서.

그 시기에 항일운동을 했던 애국투사들 중에서도 경찰이 된 사람이 많았다[24]). 그러므로 파출소를 향한 집단 공격을 일제시대 동안 쌓이고 쌓인 한과 분노의 폭발로 보기는 어렵다.

내가 봤을 때 그런 공격은 오히려 노동당의 집약적인 선동에 의해서 비롯됐다고 하는 것이 더 설득력 있는 분석이다. 주요 간부 중의 한 인물이었던 박갑동에 따르면 1946년에 파업을 전국적인 폭동으로 확산시키려고 했던 노동당이 과잉 대응을 불러내기 위해 시민들로 하여금 경찰, 심지어 경찰 가족들까지 공격하도록 선동했다.[25]

---

22 Viktor Klemperer(1999), *Ich will Zeugnis ablegen bis zum letzten. Tagebücher 1933-1945*, 5:189.

23 이영훈 외(2020) 『반일 종족주의와의 투쟁』, 37-38

24 이기봉(1992), 『빨치산의 진실』, 102, 107.

25 박갑동(1983), 『박헌영』, 인간신서, 153.

이승만 체제를 거부한 사람들을 모조리 김일성 지지자로 보는 것은 무리라고 독자가 이의를 제기할지도 모른다. 물론 정치와 관련된 일반화는 결코 문자 그대로 받아들여서는 안 된다. 이승만과 김일성 둘 다 거부하는 한국인도 물론 있었을 것이다. 하지만 그런 사람이 많았다면 상당한 규모의 제3의 정치 세력이 생겨났어야 했는데, 그렇지 않았다. 그 시기에 대한 회고록들을 읽으면 이승만을 반대하는 대부분의 사람들이 김일성을 지지했고 그 반대로 이승만을 지지하는 사람들은 김일성을 반대했다는 인상을 받게 된다. 중도 좌파나 온건 좌파라고 자칭하는 정당이 몇몇 있기는 했지만 얼마 안 있어 그들 안에서도 평양과 연락을 주고받는 인물들이 있었다는 사실이 드러났다. 미군정 사령관 존 하지 중장(1893~1963)은 그때 자칭 중도 정치인들이 언제든 급진적인 공산주의자 본질을 드러낼지 모른다고 말 했다. 1980년대에는 커밍스와 그의 추종자들이 이 주장을 피해망상의 극치라고 조롱했지만 소련 자료가 냉전 후 공개되면서 하지의 직관이 아주 정확했다는 것이 확인되었다.[26]

『한국전쟁의 기원』에서 남로당이 자연발생적으로 생겨났고 평양으로부터 독립적인 정당이었다는 주장을 하는데 과연 커밍스 자신이 진심으로 그렇게 말하는지 의심스럽다.[27] 1946년 창당한 남로당의 핵심이 조선공산당 출신 세력이었으며 남로당의 실질적인 지도자였던 박헌영은 1946년부터 평양에서 지시를 내렸다. 스탈린이 1953년 사망할 때까지 유고슬라비아 빼고는 온 세계의 공산주의 운동이 소

---

26 Jo Kyu-hyun(2019), "The Rise of the South Korean Left, the Death of Unitary Socialism, and the Origins of the Korean War, 1945-1947."

27 Cumings, *Origins of the Korean War*, 1:351-356.

련 지시를 따르고 있었던 만큼 남로당은 평양에 있는 소련군과 소련이 직접 발탁한 김일성으로부터 독립하지 못했고 독립하고 싶어하지도 않았다. 1940년대 후반의 한반도를 전문으로 연구하는 역사학자가 이런 아주 기본적이고 잘 알려진 사실을 몰랐다는 것이 믿기지 않는다.

해방기 한국에서 서독과 같은 반공산주의 좌익, 즉 전체주의를 반대하는 사회민주주의 세력이 따로 존재했다고 생각하면 오산이다. 이념적으로 봤을 때 한국 좌익은 거의 획일적이었고 아직도 서부 좌파에 비하면 획일적인 편이다. 그동안 내홍이 있기는 했지만 이념적인 분열은 아니었다. 1940년대 후반에 많은 좌익 인사들이 남로당에 가입하기 싫었던 것은 개인적인 이유로 박헌영에게 줄을 서고 싶지 않았기 때문이었다.[28] 인민근로당이 따로 생긴 것은 바로 그 이유에서다. 미국 대사관에 있었던 몇몇 외교관들이 순진하게도 중도 세력으로 간주한 이 정당은 사실상 평양으로부터 자금과 지령을 받는 집단이었고, 당대표 여운형이 1947년에 암살된 후 당 지도부는 거의 모두 월북했다.[29] 다시 말해서 한국에는 그렇다 할 만한 반공이나 반전체주의 좌익은 존재하지 않았다.

이런 식으로 미국 한국학의 수정주의 연구를 반박하면서도 나는 그의 긍정적인 측면도 인정한다. 내가 대학생이었을 당시 커밍스가 존 할리데이와 함께 쓴 책인 『Korea, The Forgotten War』(1988)를 읽었다. 미국 공군이 밀림은커녕 나무조차도 거의 없는 북한 지역에 네이팜탄을 무지막지하게 떨어뜨렸고 홍수를 일으키기 위해 댐을 의

---

28 박갑동, 『통곡의 언덕에서』, 267-271.
29 유영구(1993), 『남북을 오고 간 사람들』, 24-34.

도적으로 파괴했다는 부분을 읽었을 때는 머리가 띵할 정도로 충격을 받았다.[30] 커밍스는 이것이 명백한 전쟁 범죄였다고 주장하는데 나 또한 전적으로 이에 동의한다. 나중에 나는 『뉴욕 타임즈』에 기고한 글에서 미국 정부가 이 만행에 대해 북한 정권이 아니라 직접 북한 주민들에게 진심으로 사과해야 한다고 말한 바 있다.[31]

여기서 문제는 커밍스 교수가 진실을 밝히기 보다는 도덕적 칭찬과 비난을 할당하는 데 관심이 더 많다는 것이다. 중립적인 시각에서 칭찬하거나 비난하면 몰라도 한쪽만 칭찬하고 다른 한  쪽은 탓하기만 하니까 연구로서의 가치가 더 떨어진다. 많은 진보 지식인의 시각으로 봐도 깊이가 없는 접근법이다.[32] 커밍스는 북한을 미화하기 위해서는 터무니없는 발언도 서슴지 않는다. 예를 들어, 그가 2004년에 낸 책에서 김일성 통치하에서는 범죄도 굶주림도 없었다는 주장이 나온다.[33] 말할 것도 없이 범죄가 없는 사회는 있을 수 없고, 헝가리 외교 보고서에 기록되어 있듯이 1955년에 수많은 북한 주민들이 기근으로 목숨을 잃었다.[34]

30 Bruce Cumings(1988), Jon Halliday, *Korea: The Forgotten War*.

31 B.R. Myers, "Kim Jong Il's Suicide Watch," *New York Times*, 2006.10.12.

32 Tony Judt, 'Why the Cold War Worked,' *The New York Review of Books*, 1997. 10.09.

33 Bruce Cumings(2004), *North Korea: Another Country* 150; Balazs Szalontai, "You Have No Political Line of Your Own," Kim Il Sung and the Soviets, 1953-1964," *Cold War International History Project Bulletin*, Issue 14/15 (2004), 90.

"냉전의 기원과 추구의 주된 책임이 미국에 있다는 증거를 찾으려는 '수정주의'는 이제 죽은 오리(dead duck)다."

- 역사가 토니 주트,
『뉴욕 리뷰 오브 북스』(1997.10.09.)

아직도 커밍스 교수를 용감한 진보 연구자로 여기는 사람들은 그가 미국의 외교 정책 엘리트들로부터 아낌없는 지지를 받아온 신자유주의 인사이더이며 아직도 한국어로 대화할 수 없다는 사실을 직시했으면 좋겠다(몇 년 전 부산에서 있었던 그의 특별강연에 다녀온 내 제자 중 한 명이 통역원 없이는 아주 간단한 질문에도 답변하지 못하는 커밍스가 너무 실망스러웠다고 했다). 진정한 진보 학자였다면 일제시대 때 경찰이었던 사람들을 해방 후 사회에서 철저하게 숙청당했어야 할 악의적인 세력으로 악마화 하지는 않았을 것이다. 마음에서 우러나온 친일과 생계를 위한 친일을 구별할 수 있어야 한다.[35]

이승만 대통령의 인권유린에 대한 커밍스의 비판도 마찬가지다. 그는 이 사항들을 역사적인 맥락에서 떼어내어 이승만을 늘 절대적인 도덕적 잣대로 때리려고 한다. 미국 남북 전쟁 때(1861~1865) 링컨 대통령은 야당 신문을 모두 폐쇄시키고, 구속영장 없이 야권 인사들을 대규모로 체포하고, 심지어는 교회 예배에서 자신의 이름을 기도에 포함시키는 것을 잊어버린 목사를 체포하기까지 했다.[36] 많은 면에서 그는 한국의 건국 대통령보다 훨씬 더 지독한 독재자였다.

그러나 링컨의 권력 남용을 이해하려면 시대적인 맥락에서 봐야 한다. 단순히 나쁜 놈이었다고 하면 그의 통치를 이해하는데 도움이 안 된다. 민주주의 헌법조차도 비상시에는 어느 정도의 독재를 허용

---

34 Szalontai(2005), *Kim Il Sung in the Khrushchev Era*, 44, 65-66.
35 이기봉(1992)은 "Pro-Jap"친일파와 "Pro-Job" 친일파를 구별한다. 『빨치산의 진실』, 102.
36 Thomas J. Dilorenzo(2003), *The Real Lincoln*.

한다는 것을 잊어서는 안 된다(최근 코로나19 팬데믹 기간 동안 많은 자유민주주의 국가에서 시민들은 기본 인권을 박탈당했다). 이와 마찬가지로 이승만 대통령을 비난할 때 그 시대적 상황을 염두에 두어야 한다. 1940년대 후반에 이루어진 모든 조직적이며 폭력적인 저항이 민주화 세력에 의해 이루어졌다는 "정리된" 신화가 요즈음 지배  적이기는 하지만 그 세력은 공화국 자체를 부정했다.

그렇다고 해서 4.3 제주에서 무고한 민간인의 살육이나 많은 마을들을 잿더미로 만든 것을 정당화할 수는 없다.[37] 그러나 도덕적 칭찬과 비난을 할당하려면 도민들을 선동한 외부 세력에게도 책임을 물어야 한다. 그때나 지금이나 평범한 사람들은 선동이 되지 않는 이상 총으로 무장한 경찰을 공격할 정도로 무모하지 않다. 앞서도 말했지만 그 시대에 일어난 거의 모든 폭동이 경찰에 대한 공격에서 시작된 것은 당국의 과잉 진압을 불러오기 위한 남로당의 전술이었다. 폭력적인 총파업을 공산주의 혁명 수단으로 사용하는 것은 그때 이미 어느 정도 국제적인 전통이었다. 그후에도 서독 좌파 테러 단체인 적군파(Rote Armee Fraktion, 1970~1998) 등 여러 혁명적 세력들이 폭력으로 민주주의 정권의 과잉 대응을 유도하려고 했다. 이런 사실을 모르는 척하면서 해방기의 모든 대결을 파쇼 악마와 민주주의 천사들 간의 충돌로 내세우는 것은 조잡한 선전술에 불과하다.

---

37 참고로 링컨의 군대가 1864년에 미국 남쪽으로 진격했을 때 훨씬 잔인한 초토화 작전을 실시했다. John Bennett Walters, "General William T. Sherman and Total War," *The Journal of Southern History*, Vol. 14, No. 4 (1948.11), 447-480.

보수 학자의 편향성이 덜하다는 것은 아니다. 내가 보기에는 각 진영은 자신들의 역사왜곡으로 상대방의 역사왜곡을 부추기고 있어 아주 유감스러운 악순환이 계속되고 있다. 예를 들어 한국 진보가 누구보다도 반일이었던 이승만을 어이없게도 친일파로 몰아세운다. 그러면 우파는 그를 훌륭한 자유민주주의자로 내세우는 억지주장으로 맞선다. 그러다 보니 아주 중요한 사실들이 양쪽 진영에 의해 잊혀져 간다(한 예로 1951년 1월 후퇴 중이던 수많은 국민방위군이 당국의 부패로 인해 굶주림과 추위에 떨다 죽어간 사실에 관해서 보수이든 진보이든 그 누구도 입을 열고 싶어하지 않는다).

이승만 대통령이 북한으로부터 이 나라를 구했다는 말에 나는 전적으로 동의한다. 대한민국은 절체절명의 시기에 링컨형의 대통령, 즉 매우 완고하고 비타협적인 독재자가 필요했고, 미국 정권으로부터 어느 정도의 자주성을 유지하면서도 미국 여론의 환심을 살 줄 아는 사람이 필요했는데 이승만이 딱 그런 지도자였다. 또한 전쟁이 한창이던 1952년에 대선을 허용한 점은 높이 평가할 만하다. 현재 자유민주주의의 아이콘으로 여겨지는 우크라이나 대통령 젤렌스키는 러시아와의 전쟁이 끝날 때까지 대선을 실시하지 않을 것이라고 잘라 말했다.[38] 그건 그렇지만 이승만은 장장 12년 동안이나 집권했다. 뛰어난 전쟁 대통령이었다고 해서 그의 집권기간 전체를 미화만 하는 것도 그릇된 일이다.

내 견해로는 이승만 정권이 초기에 범한 가장 큰 실수는 선전의 중요성에 충분한 주의를 기울이지 않았다는 점이다. 그는 한반도 인

---

38 Anwesha Mitra, "No presidential election in Ukraine until war ends: Zelensky," *Mint*, 2023.06.27.

구의 3분의 2와 오래된 수도 서울이 38선 이남에 위치해 있다는 이유로 국가정신이 저절로 생겨날 것이고, 북한 사람들도 대한민국을 더 정당한 국가로 볼 수밖에 없을 것이라고 믿어 의심치 않았던 것 같다. 문제는 북한은 그 당시 국가정신 함양에 막대한 재정적, 인적 자원을 투입하고 있었다는 것이다. 어쩌면 김일성에게는 그 정치문화적 과제가 군사증강만큼 중요한

일이었을지도 모른다. 거주 지역에 관계없이 모든 주민이 매일 선전을 듣고 정치활동에 적극적으로 참여해야 했다. "김일성 장군이 곧 조선이다"라는 식의 슬로건은 국가와 민족이 하나라는 메시지를 전달했다. 인공기의 붉은 별과 마찬가지로 조선민주주의인민공화국이라는 국가 명칭도 국가의 정치적 가치를 표현했다.

반면 한국에서는 전화, 라디오, 신문 구독도 없는 외딴 시골에 사는 사람들에게는 정권의 선전보다 남로당의 선동을 접하게 될 가능성이 더 많았다. 제주 작가 현길언(1940~2020)은 어린 시절 등교길에 김일성과 박헌영을 찬양하는 전단지가 나붙어 있었던 나무들을 지나쳐 갔던 것을 기록한 바 있다.[39]

물론 이승만 대통령이 대한민국을 북한과 같은 전체주의 국가로 만들지 않았다고 그를 비난하자는 게 아니다. 정치활동에 참여하도록 강요당하는 것은 끔찍한 일이다. 그러나 건국 대통령은 적어도 북한의 대남 선전이 얼마나 심각한 위협인지를 알았어야 했고, 그 위협에 대응하기 위해 국내 선전의 질과 양을 높였어야 했다고 본다. 무

---

39 현길언(2016), 『정치권력과 역사왜곡』, 418.

엇보다도 모든 선전을 자유민주주의와 반전체주의적 가치에 기반을 두었어야 했다. 그러나 뼛속까지 민족주의자였던 이승만은 그 대신 주로 김일성을 스탈린의 앞잡이로, 북한을 소련의 단순한 위성국으로 비난했다. 틀린 말은 아니었지만, 한국이 그 당시 미국에 전적으로 의존하고 있었던 만큼 이 같은 선전 전략은 반격에 매우 취약할 수밖에 없었다.

1948년 8월 15일에 공화국을 공포하기로 한 대통령의 결정은 또 하나의 중대한 실수였다고 본다. 그가 일본의 항복이 크게 기념되는 것을 왜 원하지 않았는지 그 이유는 충분히 이해가 간다. 합리적으로 따지고 보면 한국이 일본 식민지에서 미국 점령지로 바뀐 것은 크게 기념할 일이 아니기 때문이다. 일본이 9월 9일까지 한반도의 남측을 통치했다는 것을 감안하면 더욱 그렇다. 이해할 수 없는 것은 그가 수립일을 왜 하필 1948년 8월 15일로 했는가 하는 것이다. 이로 인해 어떤 혼란이 야기될 것인지 누구나 예측할 수 있었다. 아니나 다를까 얼마 안 있어 대부분은 광복절을 일본 패전을 기리는 날로 간주하게 되었다.[40] 6·25가 발발하기도 전에 1948년 8월 15일의 역사적 의의는 국민들의 의식 속에서 사라져버린 것이다. 물론 공휴일이 단순히 상징적일 뿐이라는 게 사실이지만, 전체주의 적과 전쟁 중인 나라에게는 국가정신을 고취하는 상징이 있는지 없는지가 죽고 사는 문제일 수밖에 없다.

---

40 이영훈(2013), 『대한민국역사』, 181-182.

제 5 장

북한과 제공화국

1990년대에 소련 외교기록이 공개되면서 김일성이 스탈린과 함께 남침을 철저하게 계획했음이 의심할 여지없이 증명되었다.[1] 하루 아침 사이에 6·25와 관련된 수정주의파의 주장들이 거의 모조리 박살나버렸다. 브루스 커밍스 교수가 보인 생뚱맞은 반응은 외교 자료들을 공개한 러시아 대통령 보리스 옐친(1931~2007)을 한국 자본을 구걸하는 자로 빈정대는 것이었다.[2] 얼마 지나지 않아 그와 그의 추종자들은 태도를 확 바꾸어 "사실 전쟁이 어떻게 시작되었는지는 그다지 중요한 문제가 아니다"라는 식으로 얼버무리며 소위 "북한 혁명"(1945~1948)을 미화하는 쪽으로 전력을 쏟아 붓기 시작했다. 찰스 암스트롱의 『북한 혁명』(2004)과 수지 김의 『북한 혁명에서의 일상』(2016)이 그런 취지에서 나온 대표 작품들이다.[3]

---

1 Kathryn Weathersby, "Soviet Aims in Korea and the Origins of the Korean War, 1945-1950," Cold War International History Project, Working Paper #8, 1993.11.

2 "An Exchange on Korean War Origins" with Bruce Cumings and Kathryn Weathersby, CWIHP Bulletin 6/7, Winter 1995/1996, 120.

3 Charles Armstrong(2004), *The North Korean Revolution: 1945-1950*, Suzy Kim(2016), *Everyday Life in the North Korean Revolution*.

암스트롱 책 제목을 처음 봤을 때 "혁명 같은 소리 하고 있네"라는 말이 절로 내 입에서 세어 나왔다. 소련 정권은 동독 정부를 세운 것과 똑같이 북한 체제도 "top-down"식으로 세운 것이 확실한데 혁명이란 단어와는 전혀 어울리지 않는다. 1940년대 후반의 북한은 동유럽 공산권보다 더 자주적이기는 고사하고, 스탈린의 허락 없이는 꼼짝달싹도 못하는 위성국이었다. 미국의 수정주의 학자들이 북한혁명을 운운한 것은 일종의 물타기에 불과했다. 김일성의 이미지가 소련 비밀문서 공개로 망가져 버린 터라 미국 대학생의 눈을 훌륭한 "북한 혁명" 쪽으로 돌릴 수밖에 없게 된 것이다.

참고로 2019년 암스트롱 교수는 상습적인 표절, 출처 조작과 자료 왜곡으로 컬럼비아대에서 쫓겨났다.[4] 아이비 리그 대학의 정교수가 연구 부정행위로 해임되는 것은 전례가 없는 일인만큼 그의 출판물 전체를 매우 조심스럽게 다루어야 한다. 그의 수 없는 조작과 왜곡은 주로 북한을 멋진 자주국가로 내세우기 위한 것이었다. 구체적으로 한 예를 들자면 북한이 만든 첫 영화인 『내 고향』(1949)은 소련 군대에 대한 아첨과 찬사로 가득 차 있음에도 불구하고 암스트롱은 그 영화에서 소련이 아예 언급조차 되지 않았다고 주장했다.[5]

지난 20년 동안 안드레이 란코프(Lankov)나 표도르 째르치즈스키(Tertitskiy)와 같은 러시아계 학자들 덕분에, 소련이 초기의 북한을 놀랄 정도로 세세하게 관리했다는 사실이 드러났다.[6] 토지개혁, 헌법,

4 김재중, "'저서 표절' 미 한국학자 암스트롱 교수 해임," 『경향신문』, 2019.09.18.

5 Armstrong, *The North Korean Revolution*, 186, Tatiana Gabroussenko, "North Korean cinematography's successful debut," NK News, 2015.12.16.

6 Andrei Lankov(2002), *From Stalin to Kim Il Sung: The Formation of North Korea*, 1945-1960; 표도르 째르치즈스키(2018), 『김일성 이전의 북한: 1945년 8월 9일 소련군

심지어 인공기의 디자인까지 소련 군사당국의 작품들이었다. 소련에 대한 북한의 태도는 여타 공산권 국가들보다 오히려 더 비굴했다고 할 수 있다. 예컨대 그 당시 자주 나온 소위 "조소 친선" 문학에 한없이 착한 소련 여의사나 간호사가 나약하고 불쌍한 조선 남성을 등에 업고 힘겹게 걸어가는 황당한 장면들이 많다. 한마디로 소련은 어머니 국가이고 북한은 무기력한 아동 국가라는 프레임이다.[7] 내가 이 작품들 중 하나를 한국 학생들에게 읽으라고 나눠준 적이 있는데 학생들은 작가의 극렬한 사대주의에 무척 열을 냈다. 자기 민족 비하가 이인직의 『혈의 누』(1906)와 같은 친일 신소설보다 훨씬 더 심한 수준이다. 한국 좌익이나 미국 수정주의 학자들이 그런 김일성의 북한을 자주성 그 자체로 내세우는 것은 심한 왜곡이 아닐 수 없다.

그럼에도 불구하고 북한 선전은 주민들이 지상 천국에 살고 있다고 믿게 만드는 데 상당한 성공을 거두었다. 소련에 대한 아낌없는 찬양은 주로 외교 목적으로만 출판되었다. 농장과 공장에서 확성기를 통해 울려 퍼진 선전은 주로 김일성을 모든 좋은 것의 원천으로 찬양하는 민족주의적인 내용이었다. 터무니없는 개인숭배이기는 했지만 주민들이 민족과 국가를 동일시하게 만드는 기능을 아주 잘 수행했고 38선 남쪽의 많은 사람들에게도 강한 호소력을 발휘했다.

"아무리 괴로운 때라도 크리볼라크 선생의 그 눈동자만 보면 '자기는 절대로 죽지 않는다'는 굳은 신념이 생겼다. 어머니 품에 안기듯 원주의 마음은 언제나 크리볼라크 선생에게 안겨 있었다."

― 한설야, 단편소설 『남매』(1949)에서.

참전부터 10월 14일 평양 연설』까지.

7 Brian Myers, "Mother Russia: Soviet Characters in North Korean Fiction," *Korean Studies* (1992), 16:182-193.

한국전쟁이란 주제로 돌아가자면 유명한 독일 소설가 토마스 만의 아들인 역사학자 골로 만(1909~1994)에 따르면 "만일 어느 전쟁의 기원이 매우 복잡하면 역사가들은 그것을 단순화하려고 노력하고, 전쟁의 기원이 매우 간단한 경우에는 그것을 복잡하게 만들려고 한다."[8] 나의 견해로는 6·25의 기원에 대한 논의는 분명히 후자의 경우에 속한다. 아주 오랜 역사를 가진 단일민족은 외세에 의해 분단되었다. 3년이 지나고 나서 외국 군대들이 모두 철수했다. 그 후 더 잘 무장된 쪽은 덜 무장된 쪽을 정복하는 것으로 민족을 다시 통일시키려고 전쟁을 일으켰다. 비교적 간단한 이야기다.

그래서 나는 전쟁의 기원보다 1950년 여름에 서울 시민들이 북한 점령하에서 어떻게 살았는지에 대해 관심이 더 많다. 유감스럽게도 박물관에 가보면 그 시기와 관련된 전시물들이 거의 안 보인다. 북한 통치하의 서울 사진이라고는 아주 짧은 캡션이 달린 한두 장에 불과하다. 대부분의 방문객이 서울 시민들이 인민군을 열광적으로 환영했다는 사실을 모른 채 박물관을 나설 것임이 분명하다.

이 주제를 외면하는 것은 좌우를 막론하고 모두 김일성이 그 당시 얼마나 인기가 많은 인물이었는지 인정하고 싶지 않기 때문이라고 나는 생각한다. 좌파는 자신 진영의 종북 과거를 부인하려 하고, 우파는 건국 대통령이 인기가 없었다는 것을 부정하고 싶어서 그런 것이 아닌가 싶다. 하지만 인정할 것은 인정하고 넘어가야 한다. 역사학자 김성칠의 유명한 일기를 보면 그때 우파가 아닌 거의 모든 시민들이 길거리로 쏟아져 나와서 인민군을 열렬하게 환영했다는 사실을 유추할 수 있다.[9] 물론 수도 인구의 3분의 1정도가 이미 이승만 대통

---

8 Golo Mann, "Gespräch mit Friedrich Luft," *Das Profil*, Bayerischer Rundfunk, 1962.

령을 따라 남쪽으로 피신했음을 잊어서는 안 되겠지만 그렇다고 해
도 압도적으로 많은 시민들이 서울에 남아 있었다는 사실은 매우 중
요하다.

여론이 빠르게 인민군들에게 불리하게 변한
것 또한 사실이다. 김성칠에 따르면 서울 시민
들은 인민재판과 길거리에서 이루어지는 즉결
처형에 대해 강한 혐오감을 느꼈다. 매일 집회
에 참석하고 김일성과 스탈린을 찬양해야 하는
것에도 진절머리를 쳤다. 김성칠은 인민군이 온
지 며칠 지나지 않아, 자신을 포함해 많은 사람

> "광주 어느 산골길에서 피난민들
> 이 모여 애국가를 불렀다거든요. 백성
> 들의 대한민국에 대한 충성심이 오늘
> 날과 같이 불타오른 건 일찍 없었을
> 겁니다. 인민공화국 백성이 되어 보
> 고 모두들 대한민국을 뼈저리게 그리
> 워하거든요."
>
> ― 김성칠, 『역사 앞에서』에서.

들이 그동안 애정을 느껴본 적이 없는 대한민국을 뼈저리게 그리워
하기 시작했다고 일기에 기록했다. 매년 6월이 되면 조중동 신문에서
이 말을 즐겨 인용한다.[10] 하지만 그 시민들이 이승만 체제를 그리워
한 건지 아니면 평화의 시절을 그리워한 건지 우리로서는 정확하게
알 길이 없다. 인간은 매우 복잡하고 일관성이 없는 동물이다. 톨스
토이나 프루스트의 소설을 읽으면 인간이 동시에 얼마나 많은 상반
된 생각을 뇌 속에 담을 수 있는지를 이해하게 된다. 사회과학은 이
사실을 파악하는 데 꽤나 오랜 시간이 필요했다. 내가 미국에서 특강
을 할 때 가끔 "북한 주민들 중 몇 퍼센트가 김정은을 지지하는 것
같나?"라는 질문을 받게 된다. 마치 인구를 깨끗하게 지지자와 반대
자로 나눌 수 있는 것처럼 말이다. 그러나 요즘 사회학 연구자들은

---

9 김성칠(2009), 『역사 앞에서: 한 사학자의 6·25 일기』(개정판).
10 김기철, "전쟁은 국가를 사랑하면서도 두려워하게 만들어," 『조선일보』, 2010.06.16., [박
   완규의 책일기 세상읽기](62) '역사 앞에서'-전재의 기록, 세계일보, 2021.06.21..

지지와 반대가 항상 뒤섞여 있다는 것을 강조한다. 예를 들어 독재체제 하에 살고 있는 사람은 지도자의 주요 목표에는 찬성하면서도 그의 아래에 있는 관료들의 방법은 비판하는 경우가 많다.[11]

이와 마찬가지로 북한 통치하의 서울 여론도 아주 복잡했을 것이라고 본다. 예컨대 김성칠은 미국 군대의 인천 상륙 작전에 대한 소식을 듣고 "우리 가슴은 기대에 부풀어 오른다"라고 기록했다.[12] 그러면서도 진격해 오는 많은 미군들을 쏘아 죽인 인민군의 공격 정신은 미군대 조차도 인정했다는 이야기를 듣고 기분이 아주 좋았다는 것도 스스럼없이 인정했다.[13] 말할 것도 없이 조중동 신문은 그 부분은 항상 생략한다.

나는 이 나라를 여러 이유로 사랑하고 고맙게 생각하지만 미국인으로서는 김성칠과 같은 사람을 구하기 위해 싸우다 죽어간 수많은 미국 청년들을 생각하면 개탄스럽기 짝이 없다. 문제는 상반된 감정들을 동시에 품고 있는 한국인이 여전히 많다는데 있다. 한미동맹을 지지하면서도 핵무기를 쌓아 놓는 북한을 동조하거나 남북연합을 옹호하면서도 일종의 보험을 드는 것처럼 미군이 남아 있기를 원하는 중도 좌익은 이른바 종북 세력보다 한국 안보에 더 큰 문제가 될지도 모른다. 그러나 거슬러 올라가 보면 그 뿌리는 자유민주주의 가치보다 민족주의를 앞세운 보수 정권에서 시작되었다.

한국전쟁은 북한에 대한 한국인의 적대감을 고조시키고 대한민국에 대한 지지를 강화했다. 만약 이승만 대통령이 그때부터라도 국가

---

11 Paul Corner(2017), "Introduction," in *Popular Opinion in Totalitarian Regimes*, 1-16, 6.
12 김성칠, 『역사 앞에서』, 237.
13 김성칠, 『역사 앞에서』, 248.

정신 함양에 본격적으로 나섰다면 이후 역사의 흐름은 매우 달라졌을지도 모른다. 안타깝게도 그는 대신 자신을 개인숭배의 대상으로 만들었다. 그의 얼굴이 그려진 1000원짜리 지폐가 전쟁 중에 이미 발행되었다. 휴전 후 서울 곳곳에 흉상이나 동상이 세워졌고, 1955년부터 그의 생일은 전 국민을 총동원하는 대축제의 날이 되었다.[14] 사진들을 보면 요즘 평양에서 진행되는 아리랑 매스게임으로 착각할 정도이다. 인민군 점령 기간 동안 서울 시민들이 가장 혐오감을 느꼈던 것이 김일성에 대한 우상화였다는 점을 고려하면 이는 특히 이해하기 어렵다(김일성의 생일 축제가 1970년대에 들어서면서 꽤나 화려해졌지만, 소련의 눈치를 보던 1950년대만 해도 이 대통령의 생일 축제보다 오히려 규모가 작았다). 남산의 일본신사 철거부지에 이승만 동상을 세우기로 결정한 일은 그가 여전히 민족주의 영웅으로 추앙받기를 원했음을 잘 보여준다.[15] 그러나 앞서 말했듯이, 민족주의 가치에 기반을 두면 대한민국은 북한의 상대가 될 수 없다.

반면 나는 이승만이 강력한 정치적 라이벌을 제거하기 위해 반역 혐의를 조작했다는 일반적인 주장에 대해서는 그를 어느 정도 변호하고 싶다. 진보당 총재 조봉암이 1957년에 공정한 재판을 받지 못했다는 역사 학자의 컨센서스에 나도 동의하지만 이런 사례에 대해서 서양인과 한국인은 좀 다르게 생각하는 것 같다. 1605년에 있었던 가이 포크스(1570~1606)의 재판을 예로 들어 보자. 거의 모

---

14 Brian Myers, "Memory Politics in a United Korea," *Journal of Peace and Unification*, Vol.5 No.2. Fall 2015, 31-33.
15 조은정, "이승만 동상 연구," 『한국 근현대 미술사학』, 2005, 14: 87.

든 영국 학자들은 포크스가 구금 상태에서 잔인하게 고문을 당했다는 이유로 그의 자백은 법정에서 받아들여지지 않았어야 했다는 입장이다. 그에 대한 다른 증거의 상당 부분이 조작되었다는 것도 널리 인정되고 있다. 그럼에도 불구하고 대부분은 포크스가 실제로 의회를 폭파시키려 했다는 사실은 의심하지 않는다.[16]

미국에서 벌어진 로젠버그 부부 간첩 사건(1951)도 비슷한 사례다. 우리 미국인은 그 부부가 공정한 재판을 받지 못했다고 안타깝게 생각하지만 그렇다고 해서 그들이 소련을 위해 간첩 활동을 했다는 사실 자체를 부정하지는 않는다.[17]

대조적으로, 이승만이나 박정희 시대에 어떤 용의자가 현재 법률적 기준으로 봤을 때 공정한 재판을 받지 못했으면, 한국 진보는 그 혐의가 전혀 근거 없는 "조작극"이었다는 결론을 내린다. 내리는 척을 한다는 말이 더 적당할까? 현대사와 관련된 책들은 보수 정권이 한 번도 진짜 간첩을 잡은 적이 없다는 인상을 전달하는데 그 정도로 비현실적인 역사관을 진심으로 믿는 사람이 몇 명이나 되는지 정말 궁금하다.

내가 연구한 바에 의하면 진보당 사건의 기본적인 팩트는 다음과 같다. 조봉암이 1955년에 창당한 진보당은 서유럽식 사회 민주주의적 견해를 표방했다. 가장 많은 주목을 받은 부분은 "평화적 통일"에 대한 요구였다.[18] 그 당시 김일성도 평화 통일을 외치고 있었지만 조봉암과 북한 정부가 1955년에는 아직 서로 의사 소통을 하지 않고 있었던 것만큼은 확실하다. 그러나 북한은 조봉암의 정치활동을 지

16 Antonia Fraser(1997), *Faith and Treason: The Story of the Gunpowder Plot*.
17 Erin Blakemore, "Why the Rosenbergs' Sons Eventually Admitted Their Father Was a Spy," History.com, 2018.06.19.
18 남시욱(2018), 『한국 진보 세력 연구』, 153-155.

원해주고 싶었고, 그 목적으로 일제시대 때 그를 잘 알고 지낸 월경 상인 양명산을 남파했다. 조 후보가 그를 만났을 때 1956년 대선 출마를 위한 자금을 요청했고, 그 돈을 나중에 받기도 했다.

선거일에 조봉암의 득표율은 25%에 달했다. 1946년까지 공산당에 속했던 좌익 후보치고 놀랄 만큼 좋은 결과였다. 여기서 눈여겨봐야 할 점이 두 가지 있다. 첫번째는 대선 후에도 조씨는 양명산으로부터 계속해서 돈을 받아 썼고, 두 번째는 진보당 노선이 점점 급진적으로 변해갔다는 것이다. 대놓고 "자유 민주주의의 종말"을 요구했을 뿐만 아니라 계

획 경제, 사회 민주주의, 평등주의 등을 표방하기도 했다.[19] 하다 못해 한반도 내의 중국과 미국 군인 철수를 요구했고, 남북한을 통일 주체로 내세우려고 했다. 물론 이는 북한의 평화통일 개념과는 상당히 달랐다. 조봉암은 전국민투표를 필수조건으로 간주했는가 하면, 김일성은 남조선 혁명이 먼저 일어나야 한다는 생각이었다.[20] 그러나 북한이 그 당시에는 훨씬 잘 사는 국가였고, 주민들로부터 훨씬 강한 지지를 받고 있었던 만큼, 전 국민투표가 이루어질 경우 누구의 승리로 끝날 것인지는 뻔했다.

그 모든 것을 고려해 보면, 이승만 정권이 진보당의 총재를 왜 의심했는지 이해할 수 있다. 재판의 주요 관건은 "양명산에게서 돈을

---

19 정태영(1991), 『조봉암과 진보당』, 589-590.
20 김일성, "사상 사업에서 교조주의와 형식주의를 퇴치하고 주체를 확립할데 대하여 (1955. 12.28)"『김일성 선집』, 평양, 1960년, 4: 325-354.

받았느냐"가 아니라 "그 돈이 북한 돈이었다는 사실을 알고 있었느냐", 와 "그 대가로 중요한 정보를 북한에게 넘겨주었느냐"하는 데 있었다. 내가 볼 때 검찰은 이와 관련된 혐의를 입증하는 데 실패했다. 그 돈의 출처를 몰랐다는 조봉암의 주장은 나에게 터무니없는 말로 들리지 않는다. 알았더라면 훨씬 더 많은 돈을 요구하지 않았을까 싶다. 판사도 그렇게 생각했는지, 1심에서 겨우 5년 형을 선고했다.

그 후 항소심에서 조봉암은 사형을 선고받고 1959년에 처형되었다. 거듭 말하지만 나는 항소심 재판을 정의의 오심으로 보기는 하지만 조봉암이 북한 공작원으로부터 자금을 받았다는 사실에 대해서는 더 이상 논쟁할 여지가 없다고 생각한다. 그리고 2020년 러시아 역사학자인 표도르 쩨르치즈스키는 김일성이 진보당을 위한 자금을 보내준 것을 시인한 부분을 소련 외교 기록에서 발견했다.[21] 프랑스 화가 폴 세잔(1839~1906)은 "회색을 그릴 줄 모르는 사람은 화가가 될 수 없다"라는 유명한 말을 한 적이 있는데, 나 또한 역사란 항상 회색지대에서 전개된다는 사실을 파악하지 못하는 사람은 역사학자가 될 자격이 없다고 본다.

내가 서독에서 공부했을 때 한 우체부가 위헌 조직으로 분류된 공산당 당원이라는 이유로 해임된 적이 있었다. 그때 나는 별 생각없이 그의 복직을 촉구하는 청원서에 서명했다. 이것에 대해 알게 된 사회민주주의자인 절친한 독일 친구가 나의 순진함을 나무랐다. "반국가 세력이 공무원이 되는 것을 허용한다면 국가가 어떻게 살아남을 수 있겠느냐?"라고 했다. 그는 바이마르 공화국(1918~1933)이 무너진 주된 이유가 공무원 조직과 군대에 공산주의자와 극우 세력이 많았기

21 김학준, "봉인 해제된 조봉암 관련 구소련 문서가 던진 질문들," 『조선일보』, 2020.06.18.

때문이라고 설명하며, 다시는 독일이 이런 실수를 반복해서는 안 된다고 말했다. 조봉암 사건을 돌아볼 때 나는 지금은 판사가 된 그 친구의 말이 떠오른다. 정치인이 적국으로부터 상당한 자금을 받았다는 것이 밝혀지면 국가는 그에 대한 법적 조치를 취할 권리는 물론이고 의무도 있다고 본다. 그러나 국민의 30%가 뽑은 정치인을 처형하는 것은 가장 심각한 범죄를 저질렀을 때만 정당화될 수 있다. 북한 정권과 직접 접촉한 적도 없고 국가 기밀을 누설한 적도 없는 조봉암의 처형은 중대한 오류로 보지 않을 수 없다. 그렇다고 현재의 보수가 조봉암은 무고한 민주 열사였다고 하는 진보의 신화를 순순히 받아들이는 것으로 이 오류를 만회하고 사회 통합에 기여할 수 있다고 생각하는 것도 현명하지 않다고 본다. 역사를 연구하고 가르치는 일은 항상 진실에 충실해야 한다.

제 6 장

북한과 4·19

김일성이 왜 4·19 혁명에 개입하지 않았는가? 이 질문은 오랫동안 나를 궁금하게 했다. 그 당시 북한의 지배이념이 마르크스－레닌주의였기 때문이라는 것이 정답인 것 같다. 1950년대 후반에 이른바 소련파가 숙청되기는 했지만, 북한 지도층에는 여전히 소련, 동유럽, 중공에서 레닌주의 교육을 받은 관리들이 많았다. 특히나 대남작업 기관에 그런 사람들이 많았다. 이 점이 왜 중요한가 하면 레닌주의자에게 공산주의 교육을 제대로 받지 않은 부잣집 학생들이 주도하는 혁명은 상상조차도 할 수 없는 일이기 때문이다. 그래서 1960년 4월에 남조선학 전문가들이 다급하게 평양에 모여 집약적인 토론을 한 결과 "진정한 혁명이 아니다"라는 결론을 내린 것이다. 아마도 온 민중이 4·19 혁명을 지지했다는 요즘 보편화된 한국 신화보다는 진실에 가까운 판단이었을지도 모른다. 그러나 이승만 정권이 별 어려움 없이 시위를 진압할 거라는 예측은 물론 빗나갔다. 이 오판에 대한 책임이 그 당시 북한과 연락을 주고받고 있던 한국 "혁신계" 세력들에게도 있었다고 추측한다. 김일성 정부가 그들의 의견을 수렴하지 않았을 리가 만무하기 때문이다.

사랑받지 못하는 공화국

김일성이 4·19 직후 일부 좌익 세력에게 자금을 보낸 일은 평양 주재 소련 대사관 기록을 통해 알려져 있고, 김일성이 이들과의 친분을 여러 명에게 자랑했다는 사실도 드러났다. 이 관계는 분명히 1960년 이전으로 거슬러 올라간다. 또한 방금 논의한 바와 같이 대남 공작원들이 1950년대 중반에 조봉암은 물론이고 또 다른 정치인들과 연계를 맺었음이 분명하다(이와 관련된 외교 자료를 온라인에서도 쉽게 확인할 수 있다[1]). 그러나 대남 기관이 항상 엄격한 "need−to−know principle"(알 필요성의 원칙)을 지켰다는 것을 감안하면 혁신정당 당원들 중에서 극소수만이 평양과의 연계 사실에 대해 정확하게 알았을 것으로 짐작된다. 사회대중당(1960~1961)과 같은 혁신정당의 경우는 서독 정당인 독일평화연합(Deutsche Friedensunion)과 매우 유사했고 생겨난 시기도 거의 똑 같았다. 독일평화연합의 지도부는 몇 십년 동안 동독으로부터 자금과 명령을 받고 있었지만, 당원 대부분이 이런 속사정을 알지 못했던, 순진한 평화주의자들이었다.

그러므로 제2공화국 혁신정당들의 모든 당원들을 종북 세력으로 모는 것은 조심해야 할 사안이다. 혁신계의 강령들은 그다지 급진적이지도 않았다. 간략하게 요약하자면 미국과 소련 사이에서 중립성

---

1 Puzanov, A.M. 13 June 1960. "Journal of Soviet Ambassador in the DPRK A.M. Puzanov for 13 June 1960." AVPRF fond 0102, opis 16, delo 7, p.1-15. Translated for NKIDP by Gary Goldberg; https://digitalarchive.wilsoncenter.org/document/journal-soviet-ambassador-dprk-am-puzanov-13-june-1960; Schneidewind, Kurt. August 30, 1960. "Note about a Conversation in the Soviet Embassy with Comrade Puzanov," History and Public Policy Program Digital Archive, Stiftung Archiv der Parteien und Massenorganisationen der DDR im Bundesarchiv (SAPMO-BA), Zentrales Parteiarchiv der SED (ZPA), IV 2/20/137. Translated for NKIDP by Bernd Schaefer; https://digitalarchive.wilsoncenter.org/document/note-about-conversation-soviet-embassy-comrade-puzanov.

을 지킬 남북 연방제를 통해 점차적으로 통일을 이루는 것을 요구했는데, 현재 더불어민주당도 10년이 넘도록 남북연합을 옹호해 왔다.[2] 한일 관계 정상화를 지지했던 사회대중당이 오늘날 부활한다면 단연코 극단 좌파로 취급받지 않을 것이다. 물론 1960년에는 김일성의 연방제 제안을 진지하게 받아들이는 것 자체만으로도 "북괴"의 지령을 받고 있다는 의심을 받기에 충분했다. 무엇보다도 장면 정권을 경악시킨 것은 북한 매체가 앞장서서 혁신정당들을 요란하게 띄워주었다는 것이다. 내 짐작대로라면 김일성은 당국이 좌파에 대한 과도한 단속을 벌이도록 부추겨 또 다른 혁명을 선동하고 싶었다.

나는 바로 이 주제에 대한 논문을 박근혜 탄핵 기간에 작성했고 광화문에 있는 대한민국 역사박물관이 발간하던 『Journal of Contemporary Korean Studies』에 제출했다. 나중에 통일부 장관이 된 편집장 김영호 교수가 2017년말에 이 논문을 학술지에 실었다. 그 호는 『JCKS』의 마지막 호가 되어 버렸다.[3] 유익한 학술지가 폐간되고 다른 이름의 학술지로 대체된 것이 내 논문과 완전히 무관하지 않았을 것 같아 아직도 안타깝고 미안한 마음이 든다.

말할 필요도 없이 한국 진보는 소련 외교 기록의 증거를 계속 무시하면서 혁신계가 김일성 정권과 아무런 연관성이 없었다고 우긴다. 그러나 이 작은 정당들이 선거에 그렇게 많은 후보를 출마시킬 수 있었던 자금을 어디서 마련했는지 아직도 설명하지 못한다. 한 예로 부산 동래에서는 사회대중당 후보 몇 명이 같은 의석을 놓고 경쟁했다. 김일성이 소련 대사에게 "여러 혁신정당이 생겨나는 것을 원한다"라

---

2 정세현, "남북 쇄국 수준...통일보다 연합제로 정책 틀어야," 『평화뉴스』, 2023.06.23.

3 B.R. Myers, "They Are Under Our Influence": North Korea and the Socialist Mass Party (1960-61), *Journal of Contemporary Korean Studies*, 2017.11, 4(2), 157-180.

고 했다는 것으로 미루어 그의 진짜 목표는 그런 세력을 국회에 입성시키는 것보다 단기간 내에 가능한 한 많은 젊은이들을 선동하는 것이었던 것 같다. 한마디로 4·19 혁명과 같은 철호의 기회를 놓친 것에 회한이 많아 무슨 수를 써서라도 또 다른 봉기를 부추기려고 애썼다.

거의 성공할 뻔했다. 일반 국민들은 혁신정당의 구호들에 관심이 없었지만 대학생들에게는 효과가 있었다. 당시 수도권 대학 캠퍼스는 어떤 면에서는 요즘보다 더 자유로운 분위기였다. 서울대에서 어느 학생은 레닌 모자를 쓰고 인민복과 비슷한 옷을 입은 채 김일성을 대놓고 "지도자 동지"라고 불렀다고 한다. 이 장면을 목격한 자의 증언에 따르면 그 당시 학생들이 그렇게 행동을 해도 잡혀가지 않았다고 한다.[4] 김일성이 이런 분위기를 이용해 혁신 세력과의 접촉을 강화한 것은 너무도 당연한 일이다. 1961년 5월 서울에서 청년들이 남북 연방제 구축을 요구하는 대규모 집회를 열었고, 그 현장에 "가자 북으로, 오라 남으로"라는 유명한 현수막도 등장했다. 심지어 혜화동에서는 데모하는 대학생들이 "김일성 만세"라는 말까지 외쳤다.[5] 결국 이런 사건들이 5·16 쿠데타에 명분을 주는 데 일등공신이 되었다.

잘 알려진 아이러니지만 김일성이 처음에는 박정희 장군을 좌파 세력으로 잘못 봤다. 혁신 진영도 같은 실수를 범했다. 군인들이 사회대중당 당원들을 모조리 체포하러 나섰을 때서야 비로소 박정희가 우익이라는 걸 깨닫게 되었다. 단 한 명의 혁신주의자, 즉 『민족일보』 편집장 조용수만 처형되었던 만큼 특별하게 잔인한 탄압이었다고 주장하기 어렵다.

---

4 한기홍(2012), 『진보의 그늘: 남한의 지하 혁명 조직과 북한』, 252.
5 남시욱, 『한국 진보세력연구』, 195.

그럼에도 불구하고 『민족일보』가 때때로 북한을 비판했다는 점을 들어 편집장이 친북 세력이었을 리 만무하다고 주장하는 학자가 여전히 있다.[6] 그러나 내가 1980년대에 서독에서 동독을 자주 비판하는 극좌 잡지인 『콘크레트』(konkret)를 읽곤 했는데 공산권 붕괴 후에 편집장이 동독 정권으로부터 쭉 후원금과 지령을 받아 왔다는 사실이 드러났다. 동독을 가끔씩은 비판하라고 시킨 사람들은 다름 아닌 동독 정보기관에 속해 있던 사람들이었다. "우리 쪽을 가끔 비판해야 독립적인 잡지사처럼 보인다"라는 계산이었다.[7]

따라서 조봉암 사건과 마찬가지로 혁신계 정당들에 대한 혐의들이 모조리 근거 없는 "용공 조작"이었다는 주장은 역사왜곡이다. 조용수를 제외한 대부분의 혁신주의자들이 꽤 관대한 대우를 받았다는 사실도 인정해야 한다. 가장 앞장섰던 인물들도 7년 안에 감옥에서 모두 석방되었다. 얼마 전에 나는 박정희 선집을 읽으면서 그가 혁신정당들에 대해 그다지 비판적이지 않았다는 것을 알게 되었다. 친북 집회에 가입한 대학생들도 몇 명의 "불순분자"에 의해 현혹된 순진한 청년들이었다고 믿었던 것 같다.[8]

흥미를 당기는 것은 대표적인 혁신파였던 윤길중이 출옥 후에 보수로 변신하고 전두환 정부에서 크게 출세했다는 사실이다. 미국 같으면 중년이 다 된 정치인이 이렇다 할 해명도 없이 완전히 다른 진영으로 넘어가 감투를 쓰게 되는 일이란 상상할 수 없기에 이 같은 경우가 나에게는 항상 신기롭다.

---

6 김민환(2016), 『민족일보 연구』, 137, 145.

7 Bettina Röhl(2006), *So macht Kommunismus Spaß!*, 128-129.

8 "민족중흥," 『박정희 대통령 선집』, 4:286-287.

제 7 장

박정희 국가주의에 대하여

거의 모든 미국인이 박정희 대통령에 대해 부정적으로 생각하던 시절이 있었다. 1964년에 왜관에 군목으로 근무하셨던 내 아버지도 매우 비판적이셨던 게 기억이 난다. 박 대통령이 1979년에 암살을 당했을 때 애도를 한 미국인은 얼마 없었을 것이다. 그런데 1988년 올림픽 무렵부터, 눈부신 경제성장을 설계한 소위 benign dictator(선의의 독재자)로 뒤늦게 인정받기 시작했다. 오늘날에는 미국에서 박정희가 유일무이하게 좋은 평판을 받는 우익 독재자라고 본다. 그는 다른 나라에서 더 좋은 평판을 받고 있는 것 같다. 나는 외국인과 한국인 학생들을 위해 "한강의 기적"에 대한 수업을 할 때 어두운 측면들을 빼놓지 않지만 서구 출신이든 인도네시아, 우즈베키스탄 등 개발도상국 출신이든 간에, 거의 모든 학생은 박정희가 이룩한 업적들에 매우 감명을 받는다. 특히나 새마을운동은 깊은 인상을 주는 것 같다.

그럼에도 불구하고 북미나 영국에서 한국학을 가르치는 교원들은 여전히 박정희 시대의 나쁜 측면만을 부각시키는 커밍스의 저서 『Korea's Place in the Sun』를 읽으라는 지시를 하고 있다. 1997년에 나온 이 책에서 한국체제는 비판의 대상이고 북한의 "뛰기만 하는"

자립 경제와 "기적의 벼"를 개발한 주체농업을 칭송한다.[1] 이미 1995
년에 본격적으로 시작한 북한 대기근에 대해 커밍스만 모르고 있었
던 모양이다. 문제는 2005년에 나온 "최신판"에도 북한을 예쁘게 포
장하는 그 부분들이 보란 듯 고스란히 담겨져 있다는 점이다. 이런
책을 학생들의 필독서 목록에 올리는 교수가 여전히 많다는 것만 봐
도 미국의 한국학이 아직도 수정주의 늪에서 빠져나오지 못하고 있
다는 것을 알 수 있다.

　물론 박정희 정권을 너무 미화만 하는 것도 문제다. 사법 고문은
일부 남미 독재정권보다 더 보편화 되어 있었고 노동계층은 심하게
착취를 당했다는 사실 또한 인정해야 한다.[2] 그러나 내가 원래 북한
학 연구자라서 그런지 몰라도 항상 박정희 정권을 북한과 비교하는
습관이 있는데, 모든 면에서 전자가 덜 억압적인 체제였다는 사실은
언제나 강조할 만하다고 본다. 절대적인 인권 기준으로 남한 체제를
판단하면서 상대적인 기준으로 북한 체제를 판단하는 것은 수정주의
자들의 관행이지만 나는 이에 동의하지 않는다. 한국 정치인 정구영
(1894~1978)은 그의 아들 두 명이 월북을 했음에도 1963년에 여당인
민주공화당의 첫 총재가 되었다는 것만 봐도 박정희가 지나친 반공
주의자가 아니었음을 알 수 있다. 만일 그 시대에 소련으로 간 아들
을 둔 미국 정치인이 있었다면 정당 총재는 고사하고 민주당이든 공
화당이든 상관없이 무조건 쫓겨났을 터이다.

---

1 Bruce Cumings(2005), *Korea's Place in the Sun*.
2 Jorge Dominguez(2011), *The Perfect Dictatorship? South Korea versus Argentina,
  Brazil, Chile and Mexico*, 14.

또한 소위 인민혁명당 사건의 사례는 검찰이 적어도 1960년대 후반까지 어느 정도의 독립성을 지켰다는 것을 잘 보여준다. 박 대통령의 강한 압력에도 불구하고, 북한과 연관되었다는 증거가 불충분하고 피고인들이 심한 고문을 당했다는 이유로 대부분의 기소가 취하되었다. 매우 가벼운 형을 받은 몇몇 멤버를 제외하고는 대부분의 피고인들이 풀려났다. 이들은 나중에 검찰의 무능함을 비웃었고, 구치소에서 보내야 했던 시간을 "가벼운 감기"에 비유했다(그중 한 명은 아무런 문제없이 구속전의 직장이었던 신문사, 그것도 보수 성향의 신문사로 복귀까지 할 수 있었다[3]). 북한의 지령과 자금을 받아 결성된 통일혁명당은 1964년 창간된 문학지인 『청맥』을 통해 반정권 및 반미 선전을 버젓이 퍼뜨렸는데, 이에 대한 당국의 검열이 얼마나 허술했던지, 북한의 대남기관조차 놀랐다고 한다.[4]

물론 1968년 청와대 습격 사건 이후 상황이 크게 달라졌다. 당국이 시민들에게 의심스러운 활동을 신고해 달라고 요청한 지 얼마 지나지 않아 통혁당의 비밀 조직망이 탄로나 73명이나 검거되었다. 이번에는 북한 연계에 관한 "빼박" 증거가 많았다. 북한은 심지어 특공대를 보내 통혁당 핵심 멤버이던 이문규를 제주도에서 탈출시키려 들켜서 총격전이 벌어져 북한군 12명이 사살되었고 한국인 순경 1명이 중상을 입었다. 그런 정황들 아래서 통혁당 지도층에 관용을 베푸는 건 당연히 있을 수 없는 일이었다. 오늘날까지도 북한에서 영웅으

---

3 한기홍, 『진보의 그늘』, 253.
4 "『청맥』 권두언은 때를 만난 듯 포문을 열어 반미, 반정부 투쟁을 은연중 선동했고, 남북한 서신교류와 남북면회소 설치안을 적극적으로 지지했다. 내가 [1967년에] 평양에 갔을 때 북괴 노동당의 한 간부는 내게 이렇게 말했을 정도이다. '이 동지, 그때 『청맥』의 논조는 너무 과격하지 않았소? 아무 일 없었소?'"『어느 지식인의 죽음: 김질락 옥중 수기』, 57.

로 기억되고 있는 통혁당 간부 김종태의 얼굴이 찍힌 우표도 나왔고, 그의 이름을 딴 공장과 학교도 있다.

> "여자들은 치마가 아닌 통바지를 입고 있었고, 부지런히 삽질을 하면서 논두렁을 헐고 있었다. 아이고, 이거 잘못 왔구나. 여자들이 이른 아침부터 삽질을 하고 있을 정도면 나 같은 인텔리야 어디에부터 살 수 있겠는가 하는 생각이 불현듯 머리를 스쳤다. 나도 농촌 출신이지만 아무리 바쁜 농번기라 할지라도 남한에서는 여자들이 이른 새벽부터 삽질을 하는 일은 거의 없다."
>
> – 김질락 옥중 수기에서.

1972년에 그와 공범이며 조카였던 김질락도 사형을 당했다. 북한에서 간첩 훈련을 받은 과정을 다룬 그의 옥중수기는 우리 북한학 연구자에게 아주 귀중한 역사적 자료인 만큼 그것에 대한 답례로라도 박 정권이 김질락의 형량을 감형했어야 한다는 것은 사사로운 나의 감정이다.[5] 그의 책을 읽었을 때 나를 놀라게 한 건 비교적 잘 사는 북한 서남부에서도 여성들이 힘든 막노동을 해야 했고 양말을 신은 사람이 별로 없었다는 부분이다.[6] 그게 사실이라면 1960년 중반에 한국 경제가 이미 북한 경제를 추월했다는 뜻이다. 이는 한국이 1970년대 후반에 가서야 북한을 앞질렀다는 미국 CIA의 주장과는 상당히 다르다.

다른 한편 김질락의 옥중수기는 가슴을 뭉클하게 하는 책이기도 하다. 서문은 그의 처형 당시 어린아이였던 딸이 어머니하고 오빠와 함께 아버지의 시신을 찾으러 갔을 적의 이야기를 구구절절하게 썼다.[7]

통혁당에 속했던 신영복이 받은 처벌도 너무 가혹했다고 하는 사람들이 많은데 무기징역을 받을 정도로 핵심적인 인물이 아니었다는

---

5 같은 책, 236-237.

6 『어느 지식인의 죽음』, 236.

7 김수아, "아버지 나라도 지금 꽃이 파나요," 『어느 지식인의 죽음』, 7-11, 8.

주장에 나 역시도 동의한다. 그럼에도 불구하고 박정희 체제의 억압성을 과장해서는 안 된다고 본다. 유신 시대에도 명실상부한 야당이 있었고, 1978년에 이루어진 국회의원 선거에서는 야당의 전국 득표율이 여당을 앞서는 결과가 나오기도 했다. 또한 리영희(1929~2010)와 같은 친중 반미 지식인들의 책들이 검열을 통과했을 뿐만 아니라 잘 팔리기도 했다. 대한민국 정통성 그 자체에 의문을 제기하는 『해방 전후사의 인식』이라는 시리즈의 일호가 박정희 생애의 마지막 달에 출판되었다는 사실도 잊어서는 안 된다.

> "봄에 왔을 때는 아버지를 만난다는 기쁨이 있었는데 왠지 그날은 무섭고 답답했다. 그 기쁨은 똑딱아 구치소 앞마당의 뒤에 젖은 새까만 삼륜차를 보면서 벌써 눈물을 흘렸답니다. 그 삼륜차 안에는 관이 있었다. 멍석이 쐬워져 빗발을 가리고 있었던 아버지의 관, 하얀 바지저고리 차림의 아버지가 아니라 숨이 끊어진 시신으로의 아버지가 그곳에 있었다. … 오빠는 차 위에 올라가 눈물을 뿌리며 절을 올리는 것을 아버지는 하늘에서 보셨겠죠. 그것이 또한 아버지를 마지막 보는 순간이었다."
>
> – 김질락의 딸 김수아, 『어느 지식인의 죽음』 서론에서.

유신정권에 전체주의라는 딱지를 가져다 붙이는 것에 대해서는 논의할 가치도 없지만 사실 나는 국가주의라는 표딱지도 그리 정확하지 않다고 본다. 물론, 국가주의를 국가가 경제나 사회에 적극적으로 개입해야 한다는 주장을 이념으로 규정한다면야 박정희가 국가주의자였다고 할 수도 있겠다. 그가 저술과 연설에서 국가에 대한 충성심을 약화시켜 온 유교적 가족주의 전통을 자주 비판한 것 또한 확실하다. 그럼에도 불구하고 제3공화국은 교육과 선전에서 이승만 정부가 범했던 것과 똑같은 기본적인 실수를 범했다고 본다, 즉, 북한이 끊임없이 전복시키려는 대한민국을 지키기에 가장 적합한 방법이 민족주의를 부추기는 것이라고 생각했다는 점이다. 그 이유로 일본과의 관계 정상화를 위해 노력하는 와중에도 전국 곳곳에 이순신장군 동상을 세웠고 건국 대통령 이승만의 명예를 회복시키는 대신 독립 운동가 김구를 민족의 지도자로 내세웠다.[8] 1963년에 도입된 나라문장이 음양 기호가 있는 무궁화로 구성되어 있는 만큼 정치적이거나 헌법적 가치를 전달하지 않는 단순한 민족 상징에 지나지 않는다. 내가 이미 서두에서 말했듯이 이것은 미국의 문장뿐만 아니라 민족주의(눈 덮인 백두산)와 사회주의(붉은 별) 상징을 교묘하게 결합한 북한 문장과는 대조적이다.

진보는 보통 1968년에 도입된 국기에 대한 맹세를 박 대통령의 과도한 국가주의의 주요 증거로 지적하지만, 맹세에서 "조국의 통일과 번영," 그리고 1972년에 도입된 버전에서는 "조국과 민족의 무궁한 영광"만 언급했다. 북한 주민들이 인공기를 향할 때 같은 텍스트를 읊는다 해도 전혀 손색이 없을 듯하다. "자유롭고 정의로운 대한민국의 무궁한 영광"이라고 변경한 건 노무현 정부 때에서야 이루어졌다는 게 아이러니가 아닐 수 없다.

더 큰 문제는 박정희 통치기간 내내 남녀노소, 지위고하를 막론하고 매일, 매년 극단적인 민족주의 선동에 노출되었다는 점이다. 물론 반일 선전은 노동자들이 더 높은 임금을 요구하지 않도록 하려는 목적도 있었다. 한국이 일본을 이기기 위해서는 모두가 열심히 일해야만 했다. 미국 문화를 끊임없이 폄하한 것도 서양식 민주주의를 한국 토양에는 맞지 않는 나무로 제시하려는 노력의 일환이었다는 점도 잘 알려진 사실이다. 영화와 드라마에서 미군을 타락한 섹스광이나 강간범으로 일관되게 악마화 한 것은 미군과 한국인 간의 접촉을 최소화하기 위한 의도였다. 문학계도 이 흐름을 거스르지는 못했다. 박완서 작가의 가장 유명한 소설인 『나목』(1970)의 첫 문장은 한 미국인의 "갈색 털이

---

8 전민정(2022), 『국민은 청와대 이전을 반대한다』, 16.

무성한 손"에 대해 어쩌고저쩌고하는 혐오스러운 묘사구로 시작한다.[9]

이 모든 선전이 경제적으로는 일본과 긴밀하게 협력하고 군사적으로는 미국에 의존하는 국가인 대한민국의 정통성은 훼손하고 미국과 일본에 대놓고 맞장뜨려고 하는 북한의 매력을 더욱 빛나게 할 것임은 어린아이도 예상할 만했다. 물론 정부가 김일성 정권을 끊임없이 비방하기는 했지만, 한 민족주의 국가가 더욱 민족주의적인 동족 국가를 깎아내리는 것이 여간 어려운 일이 아니다. 결국 젊은 층을 대상으로 한 선전은 김일성을 돼지로, 인민군을 원숭이로 묘사하는 등 북한의 동족성을 부정하는 쪽으로 노력을 기울일 수밖에 없었다. 자연스러운 결과로 똑똑한 아이들이 고등학교에 진학하기도 전에 유치한 반북 선전에 식상했고, 반미, 반일 감정과 국가에 대한 반감만 잔뜩 안은 채 대학에 들어갔다.

박 정권이 강화한 집단주의 정신도 본의 아니게 운동권에 큰 도움을 주었다. 이른바 주사파 활동가였던 민경우 학자는 전향 후 낸 책 『86세대 민주주의』(2021)에서 다음과 같이 썼다: "운동권은 박정희와 싸운 것처럼 보이지만 내면에서 흘러나오는 뿌리의 감정은 박정희와 동일하게 민족적, 우국적이었던 것 같다."[10](참고로 여기서 우국이란 공화국에 대한 사랑이 아니라 5000년된 조국에 대한 사랑을 가리킨다). 주사파 "대부"였던 김영환 북한인권 운동가도 비슷한 주장을 하고, 유신 시대 때 주체성이라는 가치가 지속적으로 강조된 것이 그를 김일성의 주체사상에 취약하게 만들었다고 기억했다.[11] 내가 보수에게 이런 이

---

9 군사정권 전에도 많은 영화와 소설이 여성을 희롱하는 미군을 등장시켰다. 유명한 영화 『오발탄』(1961)에도 미군에 대한 인종적 반감이 유감없이 드러난다.

10 민경우(2021), 『86세대 민주주의』, 209.

11 2013.11.07 필자가 김영환 선생님과 인터뷰한 내용; 그리고 박원식, "김영환은 누구인가,"

야기를 하면 그들은 굉장히 불편해하고 즉시 화제를 돌리려고 한다. 오직 좌파만이 반미 전통을 가졌다고 믿고 싶은 모양이다. 그러나 현재 한국의 국가정신 부족을 이해하려면 군사정권의 민족주의부터 이해야 한다고 본다.

Commentary.co.kr, 2012.12.06.

제 8 장

5 · 18에 대한 조심스러운 몇 마디

세계화는 터부도 세계화한다. 한 민족이 무엇인가를 금기시하면, 서양인들, 특히 서양 학자들은 그 민족의 감정을 상하게 할 까봐 터부를 준수하는 경향이 현저하다. 그러다 보니 한국학 연구자들은 한국 진보를 건드릴까 봐 5 · 18을 논의할 때 "riot"(폭동)이라는 말을 사용하는 대신 대체로는 Gwangju Uprising(광주 반란)이라고 한다. 물론 한국에서는 성역화된 이 사건을 두고 반란이라는 말을 쓰는 것도 안 되지만 나치 독일에 대항한 유대인의 바르샤바 게토 반란(1943) 때문인지 영어로는 "uprising"이 오히려 고상하고 정의로운 것처럼 들린다. 반면에 "Gwangju Democratization Movement"라는 영문 표기는 좀 어색하다. 영어로 정치적인 문맥에서 movement라고 하려면 적어도 몇 개월 동안 지속된 움직임이어야 한다. 2주도 안 걸린 5 · 18을 movement로 일컬으면 미국인이 오해할 수밖에 없다.

어느 언어로 하든 간에 "광주 민주화운동"이라는 용어는 그 당시 길거리에 나온 모든 광주시민들이 민주주의자였다고 생각하게 하려는 의도가 깔려 있음이 틀림없다. 하지만 프랑스의 유명한 사회학자 알랭 바디우(Alain Badiou, 1937~)가 지적했듯이, 아무리 정당한 이유로 건물을 파손하거나 경찰을 향해 돌멩이를 던져도 시위가 그 방향으로 틀어지는 순간 더 이상 순수성을 유지하기는 어렵다.[1] 다른 이유로 그런 행동을 하려는 소수가 꼭 끼어들기 마련이기 때문이다. 물론 평화적인 시위라도 이념적으로 단일화된 경우는 드물다. 대부분의 시위에는 주최 측이 배제하고 싶은 사람들도 참여한다. 미국에서는 소수의 급진적 공산주의자들이 마틴 루터 킹이 이끌었던 인권 운동에 가담했다는 사실을 부인하는 사람이 없다. 『위대한 기대』(Great Expectations, 1861)라는 찰스 디킨스의 소설에 나오는 인물이 "미운 나방이 촛불 주위를 날아다니면, 그것이 촛불의 잘못인가요?"라고 물어보는데 아주 합리적인 질문이다.

하지만 앞서 말했듯이, 한국인은 요즘 복잡한 "회색" 역사보다 어린아이도 쉽게 이해할 수 있는 흑백 신화를 선호하는 모양이고, 정권은 그에 순응하며 여러 특별법으로 처리하려고 한다. 북한학 연구자로서 나는 안타까운 마음으로 북한의 유사한 역사 처리 방법을 떠올리지 않을 수 없다. 북한과 한국 양쪽 모두에서 새삼 양반 전통을 이어가려고 하는 건 아닌가 싶다. 양반들은 보통 사람들이 너무 무지하고 어리석어서 조금이라도 복잡한 것은 이해할 수 없다고 생각하는 경향이 있었는데 오늘날 한국 기득권도 마찬가지다. "몇몇 조폭들이나 북한 공작원도 시위에 가담했을 가능성을 완전히 배제하지 않으면, 일반 국민들은 5·18의 본질을 오해하고 지역감정이 악화될 것이다"라고 계산하는 것 같다. 나는 양반 가문에서 오지 않아서 그런지 거의 모든 한국인은 훨씬 더 복잡한 현대사를 이해하는 데 전혀 어려움이 없을 것이라고 확신한다.

1 Alain Badiou(2012), *The Rebirth of History: Times of Riots and Uprisings*, 26.

다른 주제로 넘어가기 전에 소위 광주 민주화 운동의 정신을 헌법 전문에 명시해야 한다는 주장을 간략하게 논의하고자 한다. 이 주장이 나에게 이상하게 들리는 건 내가 미국인이기 때문일 수도 있다. 유명한 정치학자 한나 아렌트(1906~1975)는 우리 미국인들이 다른 민족보다 헌법을 귀중하게 생각하는 것은 우리 다민족 사회를 공동체로 묶는 유일한 것이 바로 헌법이기 때문이라고 주장했다. 맞는 말인 것 같다. 한국은 더 이상 단일 민족 국가가 아닐지도 모르지만 참된 다민족 사회로 보기는 어렵다. 개천절을 공휴일로 기념하는 것만 봐도 한국인 자신들도 아직까지는 단일민족으로 보는 것이 분명하다.

미국인과 한국인이 헌법을 다르게 보는 또 다른 이유는 두 민족이 오래된 것에 대해 서로 다른 관점을 가지고 있기 때문일 수 있다. 미국인은 헌법을 대할 때 '250년 된 것이니 존중하고 보존해야 한다'라고 생각하는 반면에 한국인은 '벌써 30년이 더 된 헌법이니 확 바꾸고 개혁할 때가 되었다'라고 생각한다.

그러니까 미국인인 내가 한국 헌법에 왜 5·18에 대한 이야기가 들어가야 하는지 이해하지 못하는 점에 대해서는 독자가 양해해 주기를 바란다. 그 운동을 조금이라도 비판하는 것이 이미 불법이지만 그것 만으로는 부족해서 이제부터는 존경하라는 강요마저 받아야 하는 상황에 다다른 모양이다. 소위 중도 보수는 5·18의 성역화를 이런 식으로 지지하는 것이 호남의 환심을 사고 사회를 분열시키는 진영의식을 극복하는 길이라고 믿고 있기 때문이다. 그러나 내가 볼 때 진보 진영은 목숨을 걸고 끝까지 5·18을 자신들만의 도덕적 자본의 원천으로 독차지할 것이다.

제 9 장

전두환 시대에 대한 추억

　내가 대한민국에 처음 발을 디딘 것은 1984년 12월에 용산 미8군 기지에서 군목으로 근무하시던 아버지와 함께 성탄절을 보내러 왔을 때였다. 그 당시 21살이었던 나는 주로 소련에 관련된 연구에 몰두하고 있었던 터라 한국의 정치적 상황에 대해 아는 것이라고는 고작해야 군사독재가 집권하고 있다는 것뿐이었다.

　용산기지에 근무하던 한국인들은 친절하게 대해 주었지만, 용산 우체국 뒤에 있는 기지의 게이트를 나서기만 하면 남녀노소 불문하고 심술궂은 얼굴로 나를 째려보던 기억이 아직도 생생하다. 나는 "웬 날씨가 이렇게 춥고 모두가 이렇게 불친절하냐"라는 생각밖에 없었다. 한국어를 하나도 알아듣지 못하던 때였지만 사람들이 지나가면서 나를 향해 던지던 말들이 좋은 말이 아니라는 것만큼은 눈치챌 수 있었다. 왜 그러는 거냐고 내 아버지의 한국인 비서에게 물어봤더니 미군들이 여성들을 함부로 대하기 때문이라고 했다. "제 머리가 이렇게 긴데 어떻게 군인으로 볼 수 있죠?" 라고 되묻자 "어쨌든 미국인이니까요"라는 대답이 돌아왔다. 흥미로운 점은 1984~1985년 그 겨울 방학 동안 광주 5·18에 대해서 그 누구도 내게 언급한 적조차 없다는 것이다. 주류가 한미동맹은 지지하면서 미국인을 도덕적으로 열등하고 타락한 민족으로 봤다. 정치적인 친미와 도덕적인 반미가 서로 얽혀 있었다.

박정희 대통령을 논의하는 앞부분에서 이미 말했듯이 미국에 대한 이런 이중적인 사고는 군사정권의 산물이었다. 전두환 시대에도 "타락한 미군들로 득실거리는 이태원에 가지 말라"라는 메시지를 전달하는 TV 드라마, 영화, 잡지 기사가 많았다. 어느 날 내가 한국 문학을 영어로 읽고 싶어서 용산 기지 내에 있는 작은 서점에 가보니 꼴랑 번역판 단편 소설집 한 권을 팔고 있었다. 작가는 성기조(1934~)였다.[1] 한국어 원본은 『모독』이라는 제목으로 1978년에 나왔는데 1983년에 출판된 번역판은 Debasement(저하)라는 더 끔찍한 제목으로 바뀌어 있었다. 그 책이라도 사서 읽어 보니 여덟 편 중 두 편은 동물에 가까운 미군을 사귄 순진무구한 한국 여성에 대한 경고성이 강한 이야기였다. 그 시대에 어느 작가를 막론하고 대한민국 군인을 그런 식으로 비하했다면 바로 잡혀갔을 테지만 미군, 특히 흑인 미군을 괴물로 묘사하는 것은 검열관이 별 문제로 삼지 않았다. 그 책을 읽으면서 나는 속으로 "이 나라가 미국 동맹국 맞아?"하고 당황했던 기억이 난다. 북한에서 그대로 출판해도 별 문제가 없을 책이었다.

나는 미군들이 1945년부터 한반도에서 저지른 범죄를 부정하고 싶은 것은 아니다. 여성을 강간하고 택시 운전사를 폭행하는 것이 실지로 너무 자주 일어났다. 서유럽에서도 비일비재했다. 유명한 영국 소설가 앤서니 버제스(1917~1993)의 부인도 미군한테 성폭행을 당했다. 그러나 한국과는 달리 NATO 국가 정권들은 반미 감정을 항상 가라

---

1 Song Ki-jo(성기조)(1983), *Debasement and Other Stories*.

앉히려고 노력했다. 한국의 대미 의존도가 타국가보다 현저하게 높았던 한국 군사정권이 미군을 혐오 대상으로 만들려고 한 것은 납득하기 어려운 일이다.

하여튼 나는 그 당시 곱지 않은 시선을 받았음에도 이 독특한 나라에 완전히 매료되어 독일에서 휴학을 신청하고 1985년 여름에 다시 돌아왔다. 전두환 정권이 한국 유학을 가능한한 어렵게 만들려고 하던 시기라 비자를 받는 것이 하늘에서 별따기였다. 오늘날 은행에서 대출받을 때나 필요한 보증인이(보호자로 지칭했다) 있어야 했고 겨우 비자를 받았다고 해도 몇 달에 한 번씩 일본이나 다른 나라를 다녀와야만 갱신할 수 있었다. 그런 조건 아래 유학하고 싶은 외국인이 극소수였던 것은 당연지사였다. 내가 1985~1986년에 서울에서 한국어 교육을 받았을 때는 나와 절친한 사이였던 스위스에서 온 불교수도자를 빼고는 외국인 학생들 거의가 재일교포 아니면 미국인 선교사였다.

미8군 대령의 아들이었기에 나는 경찰이나 전경에 대한 걱정을 할 필요가 전혀 없었으니 군사정권을 직접 경험했다고는 말할 수 없다. 지하철역 입구에서 대학생들이 가방을 열어 속을 경찰에게 보여주고 있을 때 나는 무심히 지나갈 수 있었다. 연세대 정문에서 벌어진 데모를 안전한 거리를 두고 몇 번 목격했을 뿐이다. 두세 번 정도 정문에 가까운 한국어 학당의 교실 창문을 통해 최루탄가스의 연기가 스며들어 오는 바람에 수업을 중간에 마치는 경우도 있었지만 그런 불편함 따위는 아무것도 아니었다. 구금된 학생들이 구치소에서 얼마나 혹독한 대우를 받았는지 나는 나중에서야 들어 알게 되었다.

그럼에도 불구하고 1980년대에 동독을 몇 번이나 다녀온 나는 그 당시의 한국은 더 자유로웠다고 주장할 자격은 있다고 생각한다. 일반적으로 한국인은 동독 사람보다 훨씬 더 행복해 보이기도 했다. 말할 필요도 없이 많은 일반 국민은 이미 "한강의 기적"에 대해 자랑스럽게 생각하고 있었다. 그러면서도 내가 그때 가장 보수적인 한국인들에게서도 느낄 수 없었던 것은 국가로서나 공화국으로서의 대한민국에 대한 자부심이었다. 민주화 이후에는 그런 감정들이 바로 생길 거라고 생각했는데 그 예상은 빗나가고 말았다.

제 10 장

북한학 연구자로의 변신

1987년에 서독으로 돌아가 복학을 하고 한국학을 부전공으로 선택했지만 한국 유학생들이 많았던 탓에 수업시간이 별로 즐겁지 않았다(그들의 전공이 한국학이 아니었지만 그들은 쉽게 타전공 학점을 따기 위해 한국학 수업 몇 개를 수강했다). 주로 서른 살쯤 된 운동권 출신들이었는데, 수업 토론 중 누가 한국 경제성장을 칭찬하거나 북한을 비판이라도 하면 하나 같이 발끈했다. 그들의 이야기를 들으며 나는 마침내 운동권의 지배 이념이 마르크스-레닌주의가 아니라 민족주의라는 것을 알게 되었다. 한민족의 5000년 역사와 단일성을 자랑했고, 한(恨)이나 정(情)의 진정한 의미는 오직 한국인만 이해할 수 있다는 주장을 자주 했다("그렇다면 왜 한자어로 표현하는가?"라고 한 독일 친구가 물은 적이 있다). 그들이 김일성을 존경하는 주된 이유는 그의 사회정책이 아니라 그가 1930년대에 일제에 맞서 싸웠기 때문이었다. 한국이 북한보다 몇배 더 잘 사는 국가가 되었다는 것은 암묵적으로라도 인정하는 듯 보였지만 이 사실을 중요시하지 않았다.

비교적 복잡한 소련 이론을 읽는 데 익숙했던 나에게는 유학생의 사고가 놀랄 정도로 단순하고 감정적인 것으로 들렸다. 독일 학생들의 반응도 부정적이었다. "이건 좌파 이념보다는 극우 이념에 가깝네"라고 다들 입을 모았다. 이런 의견들을 퉁명스럽게 일축하는 그 유학생들은 매주 "민중론"이니 "마당극"이니 그런 개념을 설명하는 발표를 했는데 듣는 것이 하도 지루하고 괴로워서 많은 본토 학생들이 한국학을 포기하고 중문학이나 일문학으로 전과까지 했다. 그 시절 독일에서 접할 수 있는 한국의 현대 문화라고는 판에 박힌 듯한 민중 미술, 구호를 나열하는 민중 시문학이 다였다. 미국에서도 한국학 교수들이 그런 것들이 한국 현대 문화의 전부인 것처럼 가르치고 있었다. 차라리 한국 대중음악을 학생들에게 소개해 주었더라면 김완선이나 서태지가 첫 한류 스타가 되지 않았을까 하는 생각이 든다. 한국 대학에서 운동권이 사라진 지 불과 2~3년 후인 2000년경부터 한류가 전 세계로 퍼지기 시작한 것은 결코 우연이 아닌 것 같다.

그건 그렇고 1989년에, 내가 러시아학에서 석사학위를 받은 지 몇 달 지나지 않아 베를린 장벽이 허물어졌다. 장벽이 무너진 건 더 할 나위 없이 기쁜 소식이었으나 나의 앞날을 생각하면 기뻐할 수만은 없는 노릇이었다. 이제 소련에 대한 박사 논문을 써 보았자 취업에는 전혀 도움이 안될 거라는 생각에 앞이 깜깜해진 나는 러시아학 전공에서 얻은 지식과 부전공으로 배운 한국학을 어떻게 결합할 수 있을까 한참 동안을 고심해야 했다. 결국 북한과 관련된 한국학 박사학위를 따야겠다는 결론을 내렸다.

진학에 필요한 돈을 벌기 위해 일본 히메지시에서 일년동안 영어

강사로 일했다. 운 좋게도 인근에 조총련 중학교가 있길래 어느 날 큰 맘먹고 들어가 봤다. 미제 "승냥이"들이 총검에 찔리는 끔찍한 포스터들이 여기저기 마구 걸려 있었는데 교장도 그렇고 어린 학생들도 나에게 환하게 웃으며 아주 친절하게 대해 줬다. 그 학교의 작은 도서관에서 북한 소설책들을 대여할 수 있게 해 줘서 나는 학원에서 쉬는 시간에 교직원 휴게실에 앉아 북한 소설을 열심히 읽곤 했다.

그 결과로 북한 역사상 가장 중요한 작가인 한설야(1900~1976)에 대한 연구를 하기로 마음먹게 되었다. 작가로서의 재능이 털끝만큼도 없었지만 15년 동안 평양 문학계를 지배했고, 김일성에 대한 개인 숭배의 초석을 마련한 최초의 책들을 썼다. 오늘날 북한 신화와 상징의 상당 부분은 그의 문학으로 거슬러 올라간다.

1990년에 나는 미국으로 돌아가 워싱턴에 있는 의회 도서관(Library of Congress)에서 연구를 계속했다. 북한 자료들이 많이 소장되어 있어서 한설야의 거의 모든 작품들을 찾아 읽을 수 있었다. 당시에는 북한 문화를 연구하는 사람이 전혀 없었기 때문에 그 자료들

을 담당하는 한국계 직원들이 내가 직접 서고를 둘러볼 수 있도록 허락해 주었다. 이 특별 대우는 나에게는 큰 도움이 되었지만 도서관 규정을 위반한 것이라 다른 직원에게 들키고 말았을 때는 우리 모두가 혼났다.

약 2년 동안 미국에서 연구한 후 독일 튀빙겐 대학에 진학해 디터 아이크마이어(1938~2022) 한국학 교수의 지도 아래 박사 논문을 완성하고 제출했다. 기본적인 주장은 "마

르크스-레닌주의 세계관을 반영하지 않는 북한 문학이 공산권 문화보다 오히려 일제의 선전문화에 가깝다"라는 것이었다. 나는 지금도 변함없이 그렇게 생각한다.

그러나 한국이든 서양이든 북한학 연구자 대부분이 공장이나 농업 생산을 찬미하는 북한 소설을 훑어보고는 "노동자에 대한 이야기라 사회주의 사실주의가 맞네" 하는 결론을 내린다. 사실은 나치 독일에서도 노동자와 농부를 우상화 하는 작품들이 많았다. 노동계급의 미화 그 자체가 마르크스-레닌주의 논리로 이루어지는지 아니면 단순한 민족주의나 도덕주의 논리로 이루어지는지를 따져볼 필요가 있다.

그 뿐만 아니라 공산권의 사회주의 사실주의는 소설이 슬프게 끝나면 안 된다는 둥, 인종 우월주의를 표방하면 안 된다는 둥 여러가지 엄격한 규칙들도 있는데 북한 문학계는 시초부터 그런 규칙 따위는 깡그리 무시하는 경향이 있었다. 가장 큰 문제는 북한 문학이 공산주의 세계관을 반영하지 못하고 있다는 점이다. 소련을 비롯한 공산권 국가들이 북한 소설의 번역이나 영화 상영을 꺼리거나 완전히

거부한 것은 그 이유 때문이었다. 한설야가 쓴 반미 중편소설 『승냥이』(1951)는 북한에서 하도 인기가 많아서 소련에서 마지못해 번역판을 냈지만 번역자가 인종 우월주의 요소들을 삭제해 가며 원본의 줄거리까지 근본적으로 고쳐 썼다. 아예 다른 책이 된 후에서야 소련 독자들에게 소개할 수 있었다.

한설야에 대한 내 책이 미국에서 출판된 1994년에는 1차 북핵 위

기가 고조되어 가고 있었고, 북한과 관련된 보도가 많았음에도 소련이나 동독과 마찬가지로 북한도 금방 무너질 거라고 대부분이 예상하고 있었다. 그래서 그런지 북한 정치문화에 대한 책을 읽을 정도로 관심이 많은 미국인이 워싱턴에도 별로 없었다.

하지만 운 좋게도 독일 자동차 회사에서 나에게 일자리를 제안했다. 그 회사에 취직해 독일과 중국을 오가며 몇 년 동안 일했다. 1998년에 미국으로 돌아가서야 한설야에 대한 책이 꽤 알려졌다는 사실을 알고는 깜짝 놀랐다. 몇 번 재발간되기까지 했다. 2001년 고려대학교에서 연락이 와 내게 북한학과에서 가르쳐 달라고 한 것도 그 책 덕분이었다.

민주주의라고 하면 미국인은 투표함, 한국인은 시위를 떠올린다

많은 사람들이 노태우 정부를 군사독재의 연장선으로 여기는데 나는 이를 이해하지 못한다. 워싱턴, 그랜트, 아이젠하워 대통령 모두 장군 출신이었지만, 이들을 군사 통치자라고 생각하는 미국인은 아무도 없다. 노태우도 그들과 마찬가지로 자유민주주의 선거를 통해 정정당당하게 권력을 잡았다. 더 중요한 것은 노태우 정권의 출범이 한국 역사상 가장 갑작스러운 "좌클릭"을 가져왔다는 것이다. 김영삼에서 김대중으로, 박근혜에서 문재인으로 넘어간 것보다 더 극적인 변화였다. 나는 그때 외국에 있었지만 한국 뉴스에 지속적인 관심을 기울이고 있었고, 서울에 몇 번 드나들기도 했다. 교보문고에서 한설야 선집이 판매되고 있는 것을 본 나는 할말을 잃었다. 김일성을 예수와 비유한 독일 작가 루이즈 린저의 『북한 일기』(1981)도 뒤늦게 큰 인기를 누리고 있었다는 것이 기억난다. 감옥에서 마침내 출옥한 신영복의 책도 잘 팔리고 있었다.

북한도서 금지 해제는 노태우 정부의 "Nordpolitik"(북방정책)의 일환이었다. 어이없게도 이 유화정책이 KAL기 858 폭파로 100명이 넘는 한국인의 생명을 앗아 간지 채 몇 달도 안 지나서 선포되었다. 남북 관계를 개선하려고 안달이 나 있던 노 당선인은 취임식까지도 기다리지 못해 1988년 1월에 벌써 남북회담 개최를 촉구했다. 그 동기는 아마도 북한이 서울 88올림픽을 보이콧하거나 방해할 모든 명분을 미리부터 없애려는 것뿐이었을지도 모른다. 김일성이 회담 제안을 받아들일 가능성은 거의 없다는 것도 잘 알고 있었을 것이다. 그럼에도 불구하고 명색이 보수인 대통령 당선인이 폭파 사건이 일어나고 몇 주 지나지 않아 그런 제안을 할 수 있었다는 것은 이른바 햇볕 정책이 시작되기 10년 전에 이미 대북 유화정책이 광범위한 지지를 받고 있었음을 보여준다. 북한이 그렇다 할 만한 반응을 보여주기도 전에 학교에서는 교사들이 북한을 파트너로 봐야 한다고 가르치기 시작했다.[1] 심지어 정권은 남북연합의 가능성을 진지하게 고려하고 있다고 국회에 알렸다. 내가 한국인이 아니어서 그런지 노태우 정권을 그 당시 이해하지 못했는데 지금도 여전히 이해하지 못한다.

당시 서유럽에도 평화와 화해의 바람이 불고 있었지만 그것은 소련 지도자인 미하일 고르바초프(1931~2022)가 밀어붙이고 있던 "페레스트로이카"(재건)에 대한 합리적인 반응이었다. 반면 북한은 개혁은커녕 더욱 억압적인 체제를 향해 가고 있었고, 이미 서양 좌익의 웃음거리로 전락한 김일성에 대한 숭배는 날마다 더 심해지고 있었다. 따라서 나는 한국에서의 급격한 북한 인기 상승을 민족주의의 산물로 볼 수밖에 없다. 같은 시기에 반일과 반미 감정이 고조된 것도 우연이라고 할 수 없다. 유감스럽게도 민주화는 항상 거센 민족주의를 동반한다(유고슬라비아에서도 그랬다). 정당들이 언제나 그런 선전으로

---

1 Kim Hakjoon(2010), *The Domestic Politics of Korean Unification*, 313.

유권자들에게 어필할 수 있기 때문이다.

주로 1985년부터 1993
년까지를 중점적으로 다
루고 있는 민주화운동기
념관은 한국 정치문화에
대해 더 많이 배우고 싶
은 외국인에게 강력히 추
천하고 싶다. 이천시에 있는 이 박물관의 주차장에서 입구 쪽으로 걸
어가다 보면 가장 먼저 보이는 것이 하얀 벽에 걸려 있는 금속으로
만든 작품이다. 오른쪽에는 "민주는 사람이다"라는 문구가 한글로 되
어 있다. 왼쪽에는 민주주의가 구체적으로 어떤 부류의 사람들에 의
해 만들어지는지 보여주려는 듯한 시위대의 모습이 실루엣으로 표현
되고 있다. 시위대 중 일부는 팻말을 들고 있고 일부는 몽둥이와 주
먹을 쳐들고 있는데 모두가 한 방향을 향해 단호하게 걸어가고 있다.
그들의 요구가 관철되지 않을 경우 즉시 폭력적으로 변할 수 있는 분
노한 사람들임이 명백하다.

민주주의에 대한 나의 이해와는 매우 다른 이해를 표현하는 이 작
품 앞에 한참을 서 있었다. 미국인에게 민주주의라는 단어를 들었을
때 무엇을 떠올리느냐고 묻는다면 아마도 "투표함"이나 "투표하기
위해 줄을 선 사람들"이라고 대답할 것이다. 실제로 구글 이미지에
"democracy"라는 단어를 입력하면 주로 투표함과 투표소의 클립아
트 이미지가 나타난다. 우리에게는 democracy는 다원주의를 뜻한다.
반면에 한국 진보에게는 "민주는 사람이다"는 실상 "민주는 민심이
다"를 의미한다.

민심이 "대다수의 뜻"이 아니라 "깬 사람의 뜻"으로 정의된다는 것도 두 말할 필요가 없다. 따라서 이 나라에서는 보수성향의 대선 후보가 아무리 큰 표차로 당선된다고

하더라도 "민심이 패배했다"라는 해석이 나온다. 그럴 경우에는 공정하게 선출된 정부를 타도하려고 하는 것은 합리화되고, 정부가 법치주의를 보호하려고 나서면 극단 국가주의나 파시즘의 발악이라고 비난을 받게 된다. 한나 아렌트가 지적했듯이 민심(영어: public will, 프랑스어: volonté generale)이라는 개념은 정의상 단일하고 분할할 수 없는 것인 만큼 자유민주주의의 본질인 타협 추구와 양립할 수 없다. 프랑스 혁명기의 공포정치가 잘 보여줬듯이 민심을 최고 가치로 삼는 것은 필연적으로 심한 인권유린으로 이어진다.

이천에 있는 박물관 내부에는 1990년대의 폭동 진압 차량 한 대가 독재의 상징으로 음울하게 전시되어 있다. 다른 나라의 식민지 시대에 대해 거의 모르는 한국인이 일제시대가 나치 홀로코스트만큼 끔찍했다고 생각하는 것과 마찬가지로 서구를 잘 모르는 한국인은 폭동 진압 차량이 독재 체제에서만 사용되는 줄 아는 것 같다. 실제로 이런 종류의 차량은 가장 개방적인 국가의 시위 현장에서도 볼 수 있다. 시위가 폭력적으로 변하면 스웨덴, 독일, 프랑스 등의 경찰은 한국 경찰보다 훨씬 더 강력하게 대응한다. 한국인들이 자신의 국가를 지나치게 부정적으로 보는 이유 중 하나는 다른 국가에 대한 비현실적인 환상 때문이 아닌가 싶다.

이 박물관을 거닐면서 공산권 붕괴에 대해 한국 좌파가 서구 좌파와 얼마나 다르게 대응했는지 기억이 났다. 유럽과 미국에서는 대부분의 지식인들이 공산주의의 경제적인 실패와 인권 유린을 인정했고 그동안 공산권을 미화해

온 자신들을 비판적으로 되돌아봤다. 한국에서는 그런 반응이 거의 안 보였다. 1990년대 상반기 운동권 멤버의 90% 정도가 이탈했다는 것은 물론 사실이다(북한 기근은 운동권에게 공산권 붕괴보다 더 충격적인 뉴스였을지도 모른다). 그러나 혁명적 열정의 쇠퇴를 전체주의 이념에 대한 원칙적 포기나 비판으로 잘못 봐서는 안 된다. 한국에서 진행된 것은 열정 쇠퇴에 불과했다. 좌파는 일반적으로 베를린 장벽 붕괴를 비극적인 사건으로 간주했다. 리영희는 자신이 심한 고통을 받고 있다고 실토했고, 내가 나중에 『뉴욕타임스』에서 평가한 황석영의 소설 『오래된 정원』(2000)에도 동독 붕괴가 아주 슬픈 어조로 묘사되었다.[2]

따져보면 혁명적 열정이 그렇게 많이 쇠퇴한 것도 아니다. 한국 대학들이 많이 조용해진 주된 이유는 시위를 이끌었던 82~85학번 학생들이 마침내 졸업했기 때문이다. 캠퍼스에서 별 깊은 생각없이 돌을 던지고 구호를 외치는 대신 정치문화에 커다란 영향력을 행사할 수 있는 교육계, 언론계, 법조계 등의 직책으로 자리를 옮기는데 성공을 한 것이다. 민경우는 자신을 포함해 "운동권 출신들을 고졸로 보는 것이 적당하다"며[3] 농담을 한 적이 있는데 역시나 미국이든 한

---

2 Kim Hakjoon, The Domestic Politics of Korean Unification, 339; B.R. Myers, "The Caged Bird Sings (Review of The Old Garden)" *The New York Times*, 2009.09.08. 황석영(2008), 『오래된 정권』, 2:246-247.

3 "주사파 혁명조직 '안희정과 조국의 어린시절' / 민경우 미래대안행동 상임대표 [펜앤초대

국이든 일류 대학을 졸업하기만 하면, A학점을 받았는지 D학점을 받았는지 아무도 따지지 않는다.

안토니오 그람시(1891~1937)가 말했듯이 혁명가들이 권력을 잡으려면 먼저 기득권, 특히 언론과 문화계에 침투해야 한다.4 극소수의 소유물이었던 친북 역사관이 1990년대 와서는 대중화된 것을 보면 그람시의 말이 옳았다는 걸 알 수 있다. 소위 1968년세대의 서유럽 급진 대학생들이 1970년대에 문화계에 큰 영향을 미쳤다지만 한국 운동권의 눈부신 출세는 훨씬 인상적이다. 1990년대를 운동권의 황혼으로 여기기 보다는 그들의 새벽으로 보는 것이 더 적합하다.

아마 독자들은 이미 눈치챘겠지만 나는 운동권에 대한 신화를 비판적으로 본다. 『1987년』과 같은 영화가 역사적 현실과 얼마나 동떨어져 있는지 잘 알고 있다. 그러나 운동권을 주도했던 주사파를 악마시하는 것도 거부한다. 그들이 공산권의 만행들을 비판적으로 되돌아본 적이 없는 것은 사실이지만, 그 만행들을 서구 진보만큼 심하게 찬양한 적도 없다.

이 말을 한국 보수에게 하면 "뭔 소리야, 386세대는 마오쩌둥과 스탈린만큼이나 나빴던 김일성을 찬양하지 않았는가,"라는 반박이 바

석]", 팬앤드마이크TV, Youtube.com, 2021.10.27.

4 George Hoare, Nathan Sperber, *An Introduction to Antonio Gramsci*, Bloomsbury Academic, London, 2016, 36-39.

로 돌아온다. 하지만 애초부터 사회주의 유토피아에 대해 별로 관심이 없었던 김일성의 첫 번째 목표는 자신 가족을 위한 국가 사유화였고, 두 번째 목표는 한반도 통일이었다. 따라서 그는 공산주의자 마오나 스탈린과는 달리 어느 특정 계층 전체를 쓸어버릴 동기를 느낀적이 없었다. 어차피 그의 독재에 순응하고 싶지 않았던 주민 대부분은 6.25 전이나 전쟁 중에 월남했다. 내가 김일성을 가장 비판하는 탈북자의 보고서를 읽어봐도 그의 정권이 1930년대 소련이나 1960년대 중공보다는 훨씬 나았다는 인상을 받는다. 미국의 진보 지식인 노암 촘스키나 서독 영화감독 베르너 파스빈더가 그렇게도 좋아했던 독재자 폴 포트(1925~1998)의 캄보디아에 비하면 김일성의 북한은 아무것도 아니었다.

따라서 386세대의 북한 찬양과 소련, 중공에 대한 서양 지식인들의 찬양을 동일시해서는 안 된다고 본다. 주사파 지도자였던 김영환은 1980년대에 외국의 혁명들보다 더 인간적이고 부드러운 혁명을 꿈꾸었다고 했다.[5] 그가 김일성의 주체사상에 매료된 건 그런 이유 때문이었다. 수출용품에 불과한 주체사상은 "사람이 만물의 영장이다", "한 나라가 다른 나라에 의존해서는 안 된다" 등 온건하고 뻔한 표현으로 가득하다. 주사파 출신 민경우는 주사파를 비난하면서도 북한 라디오 방송이 그 당시 운동권을 보고 테러나 극단적인 언행을 삼가고 비교적 온건한 자세로 시민들에게 호소할 것을 거듭 촉구했다고 인정한다. 현명한 전략이었다. 물론 공산권, 특히 북베트남이나 쿠바 정권이 서방 테러조직에 똑같은 당부를 했지만 그들은 유감스럽게도 "수정주의" 헛소리라며 듣기를 거부했다. 가장 급진적인 혁

---

5 김영환(2013), 『시대 정신을 말하다』, 130.

85

제11장 민주주의라고 하면 미국인은 투표함, 한국인은 시위를 떠올린다

명 세력들조차도 납치, 암살, 폭탄 테러를 자제한 나라는 오직 한국뿐이다. 이 점은 높이 평가할 만하다.

많은 미국인은 공산권 붕괴가 통일에 대한 북한의 꿈을 산산조각 낸 줄로 알았다. 사실은 오히려 그 반대였다. 소련, 중국 등의 원조 종식은 북한 경제에 큰 타격을 주기는 했지만 어차피 남한과의 경제적 경쟁을 포기한지 이미 오래된 상태였고 김일성은 애초부터 인민들이야 밥을 먹든 나무껍질을 먹든 크게 신경을 쓰지 않았다. 심지어 동독 지도자에게 높은 생활수준은 국민들의 기강을 해이하게 만드니까 바람직하지 않다고 터놓듯 말한 적이 있다.[6] 철학자 플라톤도 그렇게 생각했지만 진정한 사회주의자라면 죽어도 내뱉어서는 안 되는 말이다. 그런 지도자 형이 의외로 흔하다. 몇 년 전에 나는 독일 자선단체의 대표와 대화를 나눈 적이 있는데 그는 여러 후진국을 순회하면서 국민 복지에 대해 완전히 무관심한 독재자를 많이 만나 봤다고 하소연했다. "서양인의 가장 큰 착각은 최악의 독재자조차도 자국의 국민 복지에 대해서 최소한의 관심이라도 품고 있을 것이라고 생각한다는 것이다"라고 했다.

1990년대 김일성과 김정일에게 북한 식량난에 대한 나쁜 소식보다 한국 정치문화 변화에 대한 희소식이 훨씬 더 중요했고, "최후의 승리"에 대한 꿈은 그 어느 때보다 실현 가능성이 높아 보였다. 바로 그 이유로 미국의 방해를 억제하는 핵무기 개발에 박차를 가했다. 공산권이 붕괴하는 바람에 소련의 구속이 사라진 것이다. 다시 말해, 북한

---

6 Bernd Schäfer, "Weathering the Sino-Soviet Conflict: The GDR and North Korea, 1949-1989," Cold War International History Project Bulletin, Isssue 14/15 (winter 2003~Spring 2004), 25-38, 33.

의 핵 프로그램은 절망이나 공포의 산물이 아니라 넘치는 자신감의 산물이었다. 이를 이해하면 북한이 경제가 무너지는 와중에도 한국의 지하조직에 그토록 많은 돈을 쏟아 부은 이유를 이해할 수 있다.

제 12 장

국가보다 민족을 앞세운 김영삼

2005년 말이었는지 2006년 초였는지 정확하게 기억이 안 나지만, 김영삼 전 대통령을 잘 알고 지내던 부경대 교수가 친절하게도 오래 간만에 그를 만나러 간다며 나와 다른 외국인 교수 2명에게 함께 가겠느냐고 물었다. 약 30분 정도밖에 대화를 나누지 못해서 아주 유익한 만남이었다고는 할 수 없지만 김 전대통령이 노무현과 김대중 정권을 좀 비판하고, 남북관계 전망에 비관적인 입장을 보였던 것이 기억에 남는다. 일본인 교수와는 굉장히 유창한 일본어로 대화를 나누기도 했다. 우리가 떠날 때는 차가 있는 곳까지 배웅 나왔다. 생각했던 것보다 훨씬 겸손한 사람이라는 인상을 받았다.

한국인들은 김영삼이라는 이름을 대할 때마다 그의 임기 마지막 해에 시작된 IMF 위기를 제일 먼저 떠올릴 것이다. 그러나 1995년 두 차례의 대형 사고를 제외하면 임기 대부분 동안 대한민국은 잘 돌아갔다. 30년 만에 처음으로 대통령이 군인출신이 아니었다. 국가보안법은 여전히 유효했지만 위반에 대한 처벌은 훨씬 가벼워졌다. 경찰의 고문을 더 이상 두려워할 이유 또한 사라졌다. 한국 여권을 갖고 있으면 거의 모든 나라를 여행할 수 있게 되었고 중산층도 해외여

행이 가능하게 되었다. 남북한 간의 경제적 격차는 그 어느 때보다 크게 벌어졌다. 김영삼 임기 중에 김일성이 사망하고 그의 아들 김정일이 권력을 장악하면서 북한이 기근에 빠졌기 때문에 아무도 한국보다 살기 좋은 나라라고 우길 수 없게 되었다. 물론, 그렇다고 해서 국민들이 국가와 정부를 비판할 이유마저 없어진 것은 아니었지만 국가정신을 자연스레 심어 주기에는 아주 적합한 객관적인 조건들이 갖춰진 셈이었다. 그렇지만 안타깝게도 정작 대통령은 그런 일이 일어나지 않기를 바라는 것 같았다.

우선, 김영삼은 자신이 한국에서 최초로 진정한 민주적 가치대로 선출된 대통령이자 최초의 합법적인 정부를 출범시켰다고 몇 번이나 자랑했다.[1] 단순한 오만함에서 온 발언이었을까? 아니면 한국인의 전형적인 "무역사적 혼" 때문이었을까? 두가지 요인이 함께 작용했을지도 모른다. 어쨌든 간에 민족은 영웅적인 독립 투쟁, 민주화 운동과 경제 성장 등 자랑거리가 수두룩하지만 이와는 달리 국가는 내세울 만 한 역사가 없다고 말하는 것과 마찬가지다. 마치 1993년에 탄생한 한국과 그때까지 존재했던 국가를 단절시키는 그의 발언은 북한에 대한 호의적인 시각을 유도할 수밖에 없었다. "1950년에 북한이 지금과는 완전히 다른, 정당성 없는 한국을 공격했다고 해서 현재 대한민국과 북한이 서로를 신뢰할 수 없다는 것은 아니다"라고 하는 것과 별반 다르지 않았다. 김영삼 정권은 국군의 날을 국군이 38선을 넘어 북한으로 진입한 10월 1일에서 항일투쟁의 의미가 있는 날로 변경하는 방안까지 진지하게 검토했다고 한다.[2]

1 Kim Hakjoon, *The Domestic Politics of Korean Unification*, 388.
2 같은 책, 389.

"어느 동맹국도 민족보다 나을 수 없다"는 등 "(일본의) 버르장머리를 고쳐 놓겠다"는 둥 그의 유명한 민족주의 발언들은 같은 맥락이다. 국가의 자주성을 강화하겠다, 더 이상 맹목적으로 동맹국을 따르지 않겠다, 보다 평등한 한일 관계를 추구하겠다: 한국 대통령이 그런 식으로 말 할 때가 되었다고 합리적으로 주장할 수도 있다. 하지만 내가 박정희 대통령에 대한 부분에서 이미 말한 바와 같이, 이 나라의 가장 중요한 동반자인 미국과 일본을 향한 민족주의적인 폄하는 자유민주주의 대한민국에 대한 국민들의 일체감을 훼손하게 할 뿐이다.

"이제 한 시간 내로 도쿄, 오사카, 나고야, 고베, 교토의 다섯 도시에는 히로시마 급 원자탄의 다섯 배의 위력을 갖는 핵폭탄이 투하될 것이오. … 한민족의 이 결정은 결코 번복되지 않을 것이오, 자, 그럼 가봅시오." 요시로쿠 [대사]는 안색이 창백해졌다. … [한국] 대통령의 옆에 앉아 있는 사람은 다름 아닌 북한의 지도자가 아닌가.

— 김진명, 『무궁화 꽃이
피었습니다』에서.

여기서 5·18이라는 민감한 주제를 다시 거론하고 싶지는 않지만, 김영삼 대통령이 1993년에 이 사건에 대한 "진상규명과 관련해 미흡한 부분이 있다면 훗날의 역사에 맡기는 것이 도리라고 믿는다"라는 발언을 했고, 여론은 이에 대해 크게 이의를 제기하지 않았다는 점에 주목하지 않을 수 없다. 잘 알려진 바와 같이 1995년에 김영삼 대통령은 마음을 바꾸었고 얼마 안 있어 전두환과 노태우 전 대통령을 기소할 수 있도록 소급 처벌 법안이 통과되었다. 소급 입법에 대한 내 개인적인 의견은 영국 역사학자 존 러플랜드의 의견과 동일하다: "새로운 정권이 행했을 당시에는 범죄가 아니었던 행위를 소급하여 범죄로 다룰 수 있는 권한을 가지게 된다면 새로운 정권의 권력에 대한 통제는 어떻게 이루어질 수 있을까?"[3]

3 John Laughland(2016), *A History of Political Trials*, 17.

하지만 이 책에서 다루는 주제가 국가정신 부재에 관한 것이므로, 역사를 '바로잡으려는' 김영삼 정권의 노력이 국가에 대한 시민의 자부심을 고취하는 데 아무런 도움이 되지 않았다는 사실만큼은 지적하고 싶다.

하물며 그의 임기 동안 친북 반일 민족주의가 판을 쳤다. 반일 친북 소설 『무궁화 꽃이 피었습니다』가 대인기를 끌었다.[4] 내가 얼마 전에 온라인 쇼핑몰에 들어가서 이미 600만 권이나 팔린 이 책에 대한 홍보를 읽어봤는데 "김정일도 이 책을 긴밀하게 언급한 적이 있다"는 말을 셀링 포인트(selling point)로 내세우고 있었다.[5]

많은 미국인들이 그 당시 나에게 왜 한국 진보는 북한 주민들은 기근에 허덕이고 있는데 왕처럼 살고 있는 김정일을 두둔하는 건지 물었다. 나는 스스로를 진보라고 부르는 민족주의자에게는 개개인의 복지나 인권보다 온 민족의 위상이 훨씬 더 중요하다고 대답했다. 그래서 기근이 한창일 때인 1997년 김일성의 오른팔이었던 황장엽이 중국과 필리핀을 거쳐 한국으로 귀순했을 때, 민족주의 진보는 그를 환영하기보다는 변절자라고 맹렬하게 비난했다.[6] 그들은 북한이 미국을 용감무쌍하게 대하는 광경을 즐긴다. 통일을 원하는 주된 이유도 북한 주민들의 삶을 개선하기 위함이 아니라 세계 무대에서 민족이 업그레이드되는 걸 보기 위해서다. 그래서 그들은 이제 더 많은 세금을 내지 않고도 이 업그레이드를 누릴 수 있는 상징적인 통일, 즉 연방제에 열중한다.

---

4 김진명(2006), 『무궁화 꽃이 피었습니다』, 3: 268-269.

5 https://product.kyobobook.co.kr/detail/S000001940594.

6 Kim Hakjoon, *The Domestic Politics of Korean Unification*, 458.

> "[문재인 대통령이] 모르고 그랬다면 우리가 피와 땀 그리고 눈물로 만든 민주화 역사에 대한 무지를 드러낸 것이오, 알고도 그런 표현을 했다면 역사를 의도적으로 왜곡하는 것은 물론 국민 내부를 갈라치기 하려는 의도라는 점에서 더욱 깊은 우려를 표명하지 않을 수 없다".
>
> - 김영삼민주센터, 2022.03.01.

다른 한국 대통령들과 마찬가지로 김영삼은 민족주의를 선동하는 것으로 국가정신을 약화시키면, 그 산물인 국가정신 결여는 대통령 본인의 권위를 허문다는 뻔한 사실을 파악하지 못했다. 진보에 잘 보이려던 그의 많은 노력은 궁극적으로 결실을 맺지 못했다. 오늘날 어느 정치 진영도 그를 그다지 호의적으로 기억하지 않는다. 심지어 문재인 대통령은 2022년 3·1절 연설 중 "첫 민주 정부는 김대중 정부"라는 주장까지 했다. 말도 안 되는 발언이었지만, 김영삼민주센터에서만 이에 대해 이의를 제기했을 뿐이다.[7]

---

7 노석조, "YS센터, 文 '첫 민주정부는 DJ' 연설에 충격...역사왜곡 책임져야," 『조선일보』, 2022.03.03.

제 13 장

김대중 통치하의 한국으로의 초빙

분단된 독일에서 살았던 경험 때문인지는 몰라도 나는 김대중 대통령의 햇볕정치에 큰 감명을 받은 적이 없다. 냉전이 한창일 때인 1960년대 초에 서독과 동독이 이룬 합의에 비하면 1998년에 시작한 금강산 관광은 이렇다 할 만한 성과가 아니었다. 1969년에 서독의 유명한 오스트폴리틱(Ostpolitik)이라는 말이 구호화 되기도 전에 이루어진 합의 덕분에 서독인은 자신의 자동차로 동독의 거의 모든 곳을 돌아다닐 수 있게 되었다. 미국인인 나도 1983년에 1주일 동안 서독 친구와 함께 동독의 작은 지방 도시인 괴를리치에 머물렀던 적이 있는데, 안내원 없이 산책하며 여러 시민들과 대화를 나눌 수 있었다.

반면에 금강산에 가려는 관광객들은 무조건 배로 가야 했고 그쪽에 도착해서 볼 수 있었던 북한인이라고는 고작해야 무뚝뚝한 안내원 몇 명 정도였다. 내가 2006년에 갔을 때는 버스로 갈 수 있었지만 금강산 관광 자체는 판에 박힌 경험이었다. 호텔과 식당 직원들 대부분이 한국인이거나 조선족이었던 만큼 북한에 와있다는 느낌이 들지 않았다. 내가 같은 버스로 온 관광객들과 함께 식당에 들어갔더니 멀리서 한 어린 종업원이 "교수님!" 하고 부르고는 밝은 얼굴로 인사를 하며 다가왔다. 내가 가르치는 고려대 북한학 여학생이었는데 그곳에서 알바를 하고 있었다.

햇볕정책을 이런 식으로 비판하면 종종 돌아오는 말은 서로 싸운 적이 없는 두 독일 국가보다 남북 화해가 훨씬 오래 걸릴 수밖에 없다는 것이다. 그러나 그 차이점의 중요성이 과장되어 온 것이다. 실상 1960년대 서독과 동독 사이는 1990년대 남북한 사이보다 훨씬 안좋았다. 두 독일 정권은 오스트폴리틱이 진행 중이었을 때도 서로에게 우호적인 태도를 보였다고 할 수는 없다. 역설적으로 같은 민족임을 항상 과할 정도로 강조하는 정권들은 서로 전쟁을 한 적이 있는 한국과 북한이다. 남북 관계에서의 아주 작은 진전에도 한국 정권은 항상 김치국부터 마시며 "유대인과 아랍인이 따라 배울 화해의 모범" 운운하며 자화자찬하기 바쁘다.

그럼에도 남북한은 여전히 평범한 주민들 간의 교류가 제로인 상태이고 서동독이 분단 시대에도 꾸준히 유지한 우편물 교류조차도 아직 없다. 평화 과정 "운전석"에 앉아 있다고 그렇게 자랑하던 문재인 정권은 온라인 상봉도 정례화 하지 못했다. 유화정책의 반복되는 이런 실패에 대한 책임을 자꾸 오래전에 일어난 전쟁, 그것도 북한이 시작한 전쟁으로 돌려서는 안 된다.

김대중과 김정일의 평양 회담(2000)을 남북 관계의 진전으로 보는 것도 나에게는 어렵다. 정상회담이라는 게 언제나 시간 관계상 협상이 불가능한 그저 홍보행사에 불과하다. 6·15 공동선언문이 몇 주 전에 미리 작성되었다는 것은 그때도 공공연한 사실이었다. 내용이 한국보다 북한에게 더 유리할 것이라고 다들 이미 예상하고 있었다. 막상 겨우 반 페이지 정도밖에 안 되는 선언문이 공개되었을 때 나는 그 간결 짤막함에 혀를 내둘렀다. 영국의 위대한 외교관 해롤드 니콜 슨(1886~1968)이 그의 저서에서 항상 강조했듯이 협상가의 주된 의무 는 오해나 서로 다른 해석의 여지를 남기지 않는 합의를 이루는 것인 데 6·15 공동선언문은 모호하기 짝이 없었다.[1]

지난 20년 동안 내 수업에서 이를 하도 자주 논의해서 이제는 거의 외운 상태. 유명한 첫 번째 조항은 "남과 북은 나라의 통일문제를 그 주인인 우리 민족끼리 서로 힘을 합쳐 자주적으로 해결해 나가기 로 하였다"라는 것인데 나로서는 반미적 뉘앙스를 간과할 수 없다. "자주통일"은 예전부터 미군 철수를 전제로 하는 통일이란 뜻을 내포 하는 말이다.

더 중요한 조항은 다음과 같다: "남과 북은 나라의 통일을 위한 남 측의 연합제안과 북측의 낮은 단계의 연방제안이 서로 공통성이 있 다고 인정하고 앞으로 이 방향에서 통일을 지향시켜 나가기로 하였 다." 북한 헌법도 그렇고 한국 헌법 또한 둘 다 한반도의 다른 국가를 국가로 인정하지 않고 있어서 남북 지도자들이 연합이니 연방제니 운운하는 것 그 자체가 위헌일 수밖에 없다. 물론 북한에게는 이것이 별 문제가 되지 않았다. 그들의 헌법은 어쨌든 선전 문건에 불과한 것도 그렇고 공동선언문 내용이 어차피 북한에서는 널리 알려지지 않았다. 하지만 한국의 경우는 달랐다. 첫째, 대한민국 전체가 헌법에 의해 합법성을 얻는다. 둘째, 공동선언 전문이 그 당시 모든 언론을 도배했고, 지금도 학교 교과서에도 고스란히 담겨 있다. 셋째로는 한 국에서는 그전까지 남북연합이나 연방제라는 개념들은 국회 비준은 물론이고 국민들의 동의도 받은 적이 없는 구호에 불과했었다.

---

1 Harold Nicolson(1933), *Diplomacy*, 112-116.

그래서 그 선언문, 더 정확하게 말하자면 한국 대통령이 그 선언문에 서명한 일은 나에게 꽤 충격적이었다. 친북 좌파들도 놀랄 정도였다. 그 당시 범민련 회장이었던 민경우는 합의서를 처음 봤을 때 북한이 직접 쓴 문서처럼 보여서 김대중이 서명했다는 사실을 믿기가 어려웠다고 최근 들어 말한 바 있다.[2] 그러나 그 당시 보수가 진보 못지않게 박수를 쳐주었다. 『동아일보』가 그때 실시한 설문조사에 따르면 국민 97%가 김정일이 약속한 서울 방문을 환영한다고 답했다.[3] 내가 볼 때는 보수는 친미가 아닌 용미(用美) 민족주의자들인 만큼, 언제나 미국에 대한 의존에서 벗어날 수 있게 해 줄 통일을 은근히 꿈꾸고 있는 것 같다. 만약 북한이 남한 우파와 협력이 가능하게 된다면, 좌파보다 더 순종적인 상대가 되지 않을까 하는 생각이 든다.

그러면 김대중은 북한에서 이미지 개선 효과를 거두었는가? 전혀 아니다. 조선과 "미제 식민지"가 서로에게 유익한 합의를 이루었다는 보도는 북한 선전 기구가 물론 할 수 없었다. 그 대신 나쁜 의도를 품고 평양에 온 "미제 앞잡이"가 "장군님"의 매력과 재치에 빠져 어리둥절한 상태에서 오직 북한에만 유리한 선언문에 사인했고 서울

> 김정일 동지께서는 재빨리 보고 자료를 훑어보시었다. 한순간 그이의 얼굴에 미소가 떠올랐다. "그럴 수밖에. 음, 자, 보시오. 끝내 그들이 굶어들기 시작했습니다." 그러자 모든 사람들의 눈길이 한곳에 모여졌다. 흥분과 긴장으로 팽팽해졌던 그들의 얼굴에도 웃음이 피여났다. "경애하는 최고사령관 동지, 놈들이 궁지에 빠져서, 우리가 무서워서 끝내 이런 [간첩 송환] 결정을 내린 게 아닙니까?" "예, 옳습니다," 누군가 외치듯 했다. "우리가 무섭긴 무서웠던 모양입니다." 김정일동지께서는 그저 미소를 그리고 계실 뿐이었다.
>
> - 북한 소설가 정기종, 『별의 세계』에서.

2 민경우, "[주사파 인물 열전 운동편 4위] 핵으로 미국을 몰아내자! 통일운동가 한호석편," 대안 연대, Youtube.com, 2022.05.21.
3 "[남북정상회담 설문] '김정일 서울오면 환영' 97%," 『동아일보』, 2000.06.16.

로 돌아가는 비행기 내에서야 제정신이 들었다는 이야기가 당 교육과 "역사 소설"에 의해 전파되었다.[4] 한마디로 김정일이 정상회담에서 승리를 했고 김대중은 비참하게 패배했다는 메시지였다. 이에 따라 김대중이 남파간첩을 송환했을 때 선전기구는 이 유화 제스처를 적의 굴복으로 포장하며 비꼬았다.[5] 이런 내부적인 선전만 봐도 햇볕 정책이 남북 관계를 개선시키지 못했다는 것을 알 수 있다.

서독이 동독을 상대할 때 그랬던 것처럼 한국이 상호주의를 단호하게 요구했더라면 적어도 주기적인 이산가족 상봉은 이룰 수 있었다고 본다. 그 이상은 현실적으로 바랄 수 있는 것이 없다. 그 이유 중의 하나는 남북 관계가 항상 북미와의 관계에 의해 제한되기 때문이다. 나는 이 문제를 "남북관계 개선 함정"(North−South Fraternization Trap)이라고 부른다. 아주 간단하게 설명하자면: 북한을 미국의 공격으로부터 보호해주는 것은 핵 억제력이 아니라, 북한이 즉각 재래식 무기로 남한에 보복 공격을 가할지도 모른다는 미국의 두려움에서 온다. 백악관이 이런 두려움을 잃지 않도록 하려면 북한은 때때로 한국을 위협하고 도발에 나서야 한다. 남북관계의 지속적인 개선이 북한이 서울에 보복할 의지가 약해지는지 백악관을 의심하게 만들 수도 있으니 위험하다. 그래서 북한과 남한이 아무리 "우리 민족끼리"를 외친다 하더라도 남북 관계는 북미와의 관계로부터 자유로울 수가 없다.[6]

---

4 예를 들어: 김남호(2001), 『만남』.
5 정기종(2002), 『별의 세계』, 5-6.
6 Brian Myers, "Why Pyongyang Needs to Dump on South Korea's Leftists," *Asia Times*, 2020.06.24.

이 사실은 2002년 조지 W. 부시 대통령이 북한을 "악의 축"에 속하는 국가로 규탄했을 때 입증되었다. 미국 공격이 임박했다고 판단한 김정일 정권은 외부적으로라도 남북 관계가 갑자기 원점으로 돌아간 것처럼 행동해야 했다. 물밑으로 남북 관계는 계속 유지되었고, 퍼주기도 계속되었지만 남북 관계 개선을 겉으로 드러내는 대규모 프로젝트는 불가능하게 되었다. 아마도 2002년의 서해교전 또한 이런 맥락에서 보아야 할 것이다. 그렇다고 해서 남한이 이런 도발들을 마냥 참고 넘어가야 한다는 뜻은 아니다.

내 기억으로 햇볕정책이 의외로 빠르게 난관에 부딪혔음에도 여론은 여전히 북한에 대해 상당히 동정적이었다. 어느 정도까지 이런 여론 반응은 운동권 출신의 지식인들이 방송, 영화계와 연예 산업을 거의 완벽하게 손에 거머쥐고 있었기 때문이다. 『JSA』(2000)는 일류의 한국 배우가 긍정적인 북한 인물로 나오는 첫 번째 영화였던 것으로 내가 알고 있다.

소위 북한학이 급부상한 것도 2000년 초였다. 대부분의 연구자들은 친북 성향이었고 이른바 '내재적 접근법'이라는 연구 방법을 옹호했다. 이론적으로는 좋은 생각처럼 보였을지도 모르지만 실제로는 북한 선전을 액면 그대로 받아들이는 것으로 귀결됐다. 예를 들자면 다들 "북한의 지배이념은 주체사상이다"라고 주장했다. 사실은 귀순자 황장엽이 실토했듯이 "인간이 만사의 주인"이란 뻔한 말을 중심으로 하는 주체사상은 수출용 선전물에 불과했다.[7] 김일성은 주체사상에 대해 아는 게 없었고, 관심도 없었다고 그를 직접 만나본 주사파

---

7 황장엽(1998), 『북한의 진실과 허위』, 69; 황장엽(2006), 『회고록』, 215-216, 227; B.R. Myers(2015), *North Korea's Juche Myth*, 6.

"대부" 김영환이 밝힌 바 있다.[8] 1950년대 후반 소련파 숙청 이후 북한의 진짜 이데올로기는 주체사상과는 전혀 다른 극단적 민족주의였다. 그러나 내재적 접근법을 따르는 연구자들은 북한의 공식 주장을 의심하는 것을 냉전시대의 사고라며 부정적으로 봤다. 북한 주장을 액면 그대로 받아들이는 것이 평화에 도움이 되는 자세라고 생각했던 모양이다.

다행히 그 시기에도 다른 생각을 갖은 북한학 연구자들도 있었다. 2001년 여름 고려대학교 북한학과에서 나에게 연락을 해 일 년 정도라도 북한 문화에 관한 수업을 맡아 줄 것을 요청해 왔다. 그 당시 나는 미국 서남부의 사막 지역에서 『아틀란틱』(Atlantic Monthly)이라는 미국 잡지사를 위해서 문학평론을 쓰고 있었는데, 한국에서 다시 살고 싶은 마음이 생겨 기꺼이 응했다.

9·11을 며칠 앞둔 2001년 9월 첫 주 수업에서 한국 학생들이 토론에서 "김대중이 어쩌고", "부시가 저쩌고"라고 하면서도 김정일을 언급할 때는 깍듯하게 "김정일 국방위원장"이라고 해서 나를 어리둥절하게 했다. 몇 명 안 되는 보수 성향의 학생들은 토론 때 서로를 곁눈질로 힐끔거리며 입을 꾹 다물고 있다가 쉬는 시간이 되자 마자 나에게 슬그머니 다가와서 자신의 의견을 털어놓았다. 그런 행동은 나를 더 당황하게 만들었다.

지금 생각해 보면 학생들 대부분이 진심 어린 친북이었다기보다는 김대중 정권의 선전을 순순히 받아들였을 뿐이었던 것 같다. 결과적으로 봤을 때 이들이 북한학을 전공한 이유 중 하나는 공무원 취업을 희망했기 때문이었다. 대부분은 금강산에 가보고 싶은 마음조차도

---

8 김영환(2013), 『시대정신을 말하다』, 시대정신, 157.

없었다. 차라리 돈을 모아서 해외로 여행하는 것을 선호한다고 웃으면서 인정했다.

제 14 장

양키 고 홈

2002년 반미 열풍의 근원은 그해 2월 동계 올림픽에서 일본계 미국 쇼트트랙 선수 아폴로 오노의 금메달에 대한 논란이었다. 같은 해 6월 월드컵에서 한미전을 했을 때는 좌우를 초월하는 반미 감정이 이미 극에 달한 상태였다. 그 경기가 방영될 때 나는 고려대의 조치원 (지금 세종) 캠퍼스에 있었다. 경기를 시청하기 위해 모인 학생들은 처음부터 마지막 순간까지 끊임없이 목 터지게 비명을 지르고 있었다. 좋은 기분으로 한국팀을 응원하고 있다기 보다는, 집단 히스테리에 가까운 분위기였다. 대구 경기장에서 경기를 지켜본 미국 특파원들은 순진하게도 붉은 악마들의 열렬한 "patriotism"(애국심)에 감탄했지만 실상 거센 민족주의였다.

금메달 하나에 그렇게 열을 내던 국민들이 월드컵 도중에 벌어진 한국 해군 6명의 목숨을 앗아간 제2 연평해전에 대해서는 아무런 반응도 하지 않았다. 대통령은 바로 또 다른 축구 경기를 관람하기 위해 일본으로 떠났다. 그러고 난 후 소위 효순이 미선이 장갑차 사고가 일어났다. 한국 언론이 이 사건을 며칠이 지나도록 보도하지 않았기 때문에 대중은 아직도 월드컵 열풍에 사로잡혀 있을 때 소녀들의 죽음을 애도하는 첫 번째 촛불 의식이 미군 기지에서 진행되었다. 전국적인 논란이 뒤늦게 터졌을 때 그런 사실은 물론 한국 신문에 나오지 않았다. 그 당시 『한겨레』와 『조선일보』가 서로 경쟁하듯이 반미 감정을 부추기느라고 정신이 없었다.

얼마 안 있어 "미국인 출입 금지"라는 표지판까지 식당이나 커피숍 입구에 등장했다. 그런 분위기 속에 나는 대구에서 개최된 학술대회에 참석했다. 아는 서양인 한국학 교수가 양복 깃에 캐나다 국기 배지를 달고 있길래 내가 "어? 같은 미국인인 줄 알았는데?"라고 했더니 그는 민망한 듯이 웃으며 "그런데 이거라도 달고 다녀야 좀 안전할 것 같아서"라는 말을 했다.

장갑차 사고에 대한 미 대통령의 직접적인 사과를 요구한 대선 후보는 노무현이 아니라 이회창이었지만 반미 열풍이 "반미주의자면 어떤가?"라는 질문을 던진 노무현 후보에게 더 큰 도움이 되었다. 나를 놀라게 한 것은 그가 취임 직후 한국군을 이라크에 보내달라는 미국의 요청을 순순히 받아들였다는 것이다. 광화문에서 난리가 날 줄 알았는데 대규모 반대시위가 따르지 않았다. 한국 민족주의란 참 특이하다는 걸 새삼스럽게 느끼지 않을 수 없었다. 한 교통사고가 나라를 발칵 뒤집어 놓기에 충분했지만, 소중한 대한민국 청년들이 명분 없는 이라크 전쟁에 내몰리는 것에 대해서는 강력하게 항의하는 사람이 진보 진영에서도 보이지 않았다. 지금 생각해 보면 청와대는 자이툰 파병으로 대북 유화 정책과 관련해 백악관의 관대함을 사려고 한 것 같다.

내가 지금까지 논의한 대통령들은 국가정신 구축이 얼마나 중요한지를 몰랐거나 거센 민족주의가 얼마나 해로운 이념인지를 몰랐던 사람들이었는가 하면 노무현은 의도적으로 국가정신과 북한에 대한 이념적 이질감을 허물려고 한 새로운 형의 대통령이었다. 첫 번째 명확한 징후는 2003년에 터진 송두율 사건이었다. 그 당시 친여 언론이 "송두율 교수"라고 하면서 독일에서 잘 알려진 유명한 지식인인 양 그를 띄웠지만 사실 그는 한국 유학생들에게만 알려져 있던 독일 지방대 강사였다. 그가 한국어로 낸 책들을 읽어보면 너무 횡설수설해서 그가 독일에서 교수가 되기 위해서는 필요한 하빌리타치온(Habilitation) 학위를 왜 안 받았는지 짐작이 간다.

그 시대에 출세하려는 사람에게 친북 성향이 얼마나 큰 도움이 되는지 나도 잘 알고 있었지만 이미 60세가 다 된 송 강사가 서울대 교수가 될 거라는 소식을 접했을 때는 놀라지 않을 도리가 없었다. 그러나 뜻밖에도 그가 인천공항에 도착하자마자 국정원 직원들에 의해 구금되었다. 얼마 안 있어 송씨가 30년 동안 노동당 비밀 당원으로 활동해 왔다는 사실이 공개되었고 언론사들은 앞다투어 그가 김일성이나 김정일과 함께 찍은 사진들을 내보냈다. 막장드라마가 따로 없었다. 노 대통령은 검찰의 관대함을 요청했는데 당사자는 재판 중에도 김일성에 대한 존경심을 표명했다.[1] 결국은 7년 징역을 선고받았지만 곧 출국허가가 났다. 그것도 부족해서 출국하기 전에 광주와 제주를 여행할 수 있는 허락까지 해 주었다. 내가 살지 않은 20년 사이에 대한민국이 얼마나 많이 변했는지를 그제서야 절실하게 실감했다.

그전에도 북한 귀순자 황장엽은 송씨가 노동당 당원이라고 주장했던 만큼 청와대가 그의 정체를 몰랐을 리가 없다. 북한 공작원을 서

---

1 장정화, "송두율교수 "아직도 김일성 주석 존경"", 『법률신문』, 2003.11.21

울대 교수로 만드는 것은 6·15 공동선언에서 한 약속, 즉 남북연합 제나 연방제를 지향하겠다는 약속의 맥락에서 봐야 한다고 생각한다.

그 시대에 정부의 보조금으로 제작된 반미나 친북 성향의 영화들도 같은 프로젝트의 일환으로 본다. 2005년 부산 영화제에서 나는 미국의 『TIME』 잡지사에 근무하는 캐나다 기자 친구와 함께 『웰컴 투 동막골』(2005)의 감독 박광현과 주연 배우 강혜정을 해운대에서 만나 봤다. 둘 다 아주 친절했고, 평화를 옹호하는 것 말고는 아무런 이념성도 없는 영화라고 활짝 웃으며 되풀이해 말했다. 그 자신들은 영화의 선전성을 정말 몰랐던 것 같다. 하지만 포스터의 화목하고 유쾌한 단체 사진에는 동막골에 등장하는 주요 미군 인물은 없다. 영화에서 중국 군대는 아예 언급조차도 안 된다는 점도 주목할 만하다. 이는 비열하게 미국에 의존한 한국과는 다르게 북한은 자주적으로 싸웠다는 인상을 주려는 의도가 분명히 깔려 있다. 한국인에게 이런 것들을 지적하면 "단지 영화일 뿐인데 뭘 그렇게 심각하게 분석하느냐"라는 식으로 말하지만 영화나 드라마가 교과서보다 대중의 역사관과 국가관을 형성하는 데 훨씬 더 큰 역할을 한다.

"노무현 대통령을 이해하긴 참 힘들었다. 그는 한국이 중국과 미국 사이에서 균형자 역할을 해야 한다고 내게 강의하듯 말하는 등 종종 반미적인 모습을 보였다. … 노 대통령의 예측하기 어려운 행동 때문에 솔직히 나는 한국에 무엇을 기대할 수 있을지 의구심이 들었다."

– 콘돌리자 라이스,
『No Higher Honor』(2011)에서.

미국 정권은 이 친북 열풍을 어떻게 바라보았는지 독자가 궁금할지도 모른다. 그러나 어느 미국 행정부도 획일적이지 않아서 답하기가 어렵다. 공화당 대통령이 집권할 때는 국무부와의 갈등이 잦게 마련이다. 국무장관은 대통령이 임명하지만 부하직원들에 의해 "포섭"되고 백악관과는 아주 다른 방향으로 가는 경우가 많다. 협상을 핵심 업무로 여기는 국무부 직원들을 영원한 "비둘기파"로 봐도 무난하다. 북한이 아무리 많은 약속이나 합의를 파기한다 해도, 미 국무부는 추가 협상에 대한 기대를 져버리지 않는다. 재무부는 미북 관계에서 중요한 역할을 하는데 국무부보다 대북 제재를 옹호하는 만큼 백악관 입장에 더 가깝다.

이런 불일치는 광화문에 있는 미 대사관에도 반영된다. 공화당 대통령이 발탁해서 파견한 대사는 보통 대사관 직원들보다 반북 성향이 강하고, 한국 진보에 대해 비판적이다. 트럼프가 임명한 해리 해리스 대사가 대표적이었다.

노무현 시대 때도 비슷한 상황이었다. 한국을 담당하는 국무부 관리들에게는 노 대통령에 대한 호감이 없지 않았다. 미국 언론도 그에 대해서는 긍정적인 편이었다. 반면에 김대중을 싫어했던 조지 W. 부시는 미국과 중국 사이의 균형자가 되겠다고 말한 노무현을 더 싫어했다. 그 당시 국무장관이었던 콘돌리자 라이스도 회고록에서 노 대통령이 매우 변덕스럽고 예측할 수 없는 사람이었다고 기록했다.[2]

나중에 유출된 2007년 남북 정상회담 대화록을 보니 노무현은 김정일에게 동정과 지지를 표명하느라고 바빴다. 그는 한국 경제를 생각해서 6자회담에 미국을 계속 참여시킬 필요만 없었다면 공개적으로도 북한 편에 들었을 것이라는 말까지 했다.[3] 그는 또한 한국에서 고조되어가는 반미주의를 호의적으로 바라보고 있음을 분명히 했다.[4] 심지어는 김정일이 북방한계선(NLL)에 대해 불평했을 때, 노 대

---

2 Condoleezza Rice(2011), *No Higher Honor*, Chapter 38. 상자에 나오는 발췌 부분: "노무현, 부시와 회담 때 괴상한 언행" 『중앙일보』, 2011.11.03.

3 이준구, 이해성(2017), 『북한의 변호인 노무현』, 143.

4 같은 책, 39-40.

통령은 NLL에 아무런 법적 근거가 없다고 맞장구를 치기까지 했다.[5] 6명의 해군이 불과 5년 전에 그 선을 방어하다가 목숨을 잃었는데, 명색이 대통령인 사람이 어떻게 NLL을 그렇게도 가볍게 논의할 수 있었는지 아직도 아무리 생각해봐도 이해하기가 어렵다. 그 전사자들에 대한 모욕임은 물론이고 김정일에게 "NLL을 다시 침범하면 우리가 다르게 반응하겠다"는 오해를 충분히 살만 한 발언이었다. 기밀 해제된 소련 외교 문서들이 잘 증명하는 바와 같이 6·25를 앞둔 김일성과 스탈린은 한국 국민들이 온 힘을 다해 싸우지 않을 거라는 계산 아래 공격을 계획한 것이다. 만약 한국이 북한 못지않은 강한 국가정신을 가진 나라라는 이미지를 투영했다면 항상 조심스러웠던 스탈린이 그런 계획을 승낙하지 않았을 가능성이 높다. 한국 대통령이 직접 폄하했던 NLL 인근에서 한국 군인들이 머지않아 두 차례의 치명적인 공격을 당한 것은 예측 가능한 비극이었다.

그러나 2006년 북한의 지하 핵실험으로 친북 기류가 크게 꺾였기 때문에 2007년 정상회담은 정동영 대통합민주신당 대선 후보의 지지율을 끌어올리는 데 아무런 도움이 되지 못했다. 이 시점에서 나는 한국 민족주의도 그다지 강하지 않다는 지적을 하지 않을 수 없다. 예외인 사람이 물론 많지만 일반 국민은 국가나 민족 중에 어느 쪽이 더 큰 희생을 요구하는지에 따라 약한 민족주의와 더욱 약한 국가정신 사이를 오가는 것 같다. 전 세계에 흩어져 있는 한국인들로 구성된 추상적 실체인 민족은 그렇다 할 만한 희생을 요구하는 경우가 극히 드물지만, 만약 지갑이나 일상생활에 부담을 끌어안게 되면, 한국인 대부분은 자신의 국민임을 내세우며 북한을 포함한 다른 국적의

5 같은 책, 183.

한국인을 외국인과 동일시하게 된다(따라서 비교적 부유하게 사는 한국계 미국인, 일본인 등을 교포라고 다정하게 부르는 반면, 손을 내밀 가능성이 높은 한국계 중국인, 러시아인 등을 조선족, 고려인 등으로 지칭하는 것으로 거리를 두려고 한다). 햇볕정책 시대에 벌어진 '퍼주기'는 결국 국가와 아무런 연관을 느끼지 못했었던 진보 국민들까지 분노하게 만들었다. "국가는 자국민을 먼저 챙겨야 한다"는 불만이 보편적이었다. 그 결과는 이명박 대통령 후보의 압도적인 승리였다.

제 15 장

천안함과 연평도

2007년 정상회담 선언은 물거품이 되기는 했지만 이명박 대통령의 임기 초에는 대북 원조가 크게 줄어들지 않았다. 나중에 알게 된 일이지만 그는 심지어 물밑으로 김정일과 또 다른 정상회담을 성사시키려고 했다. 그런 와중에 남북연방제를 옹호하는 세력들이 광우병 시위로 새 정권에게 커다란 타격을 입혔다.

나는 그 당시 부산 동서대 국제학과에 몸을 담고 있었는데 이명박과 미국에 무진장 화가 나 있던 내 학생들은 열을 내며 앞으로는 죽어도 쇠고기를 먹지 않을 것이라고 맹세했다. 극단 채식주의자인 나에게는 오히려 듣기 반가운 소리였다. 그러나 채 몇 개월도 지나지 않아 교내 외에서 남녀노소가 언제 그랬냐는 듯 미국산 햄버거와 스테이크를 맛있게 먹고 있었다. 나를 더욱 황당하게 만든 건 아무도 광우병 광풍을 비판적으로 되돌아보지 않는다는 것이었다. 내가 1987년에 서독에서 거주하고 있을 때 북해에서 잡힌 생선에서 지렁이가 발견돼 큰 소동이 일어난 적이 있었다. 독일 언론이 2주 동안이나 하늘이라도 무너져 내린 것처럼 난리 법석을 피우는 바람에 아무도 감히 생선 먹을 엄두를 내지 못했다. 하지만 점차적으로 그 소동이 가라앉은 후에 많은 기자와 지식인은 "우리 독일인에게 어떤 문제가 있길래 이런 집단적인 히스테리에 쉽게 빠지는 걸까?"라며 자기 비판적인 토론을 했다.

한국에서는 그런 반성의 기미조차 보이지 않았다. 심지어는 미국산 고기를 맛있게 먹으면서도 그 당시의 광풍은 올바른 것이었다고 우기는 사람이 아직도 많다. 동유럽 공산주의자들이 "당은 언제나 옳다"라고 외쳤던 것처럼, 민심이 언제나 옳다고 믿는 한국인이 많다. 어찌 보면 과거의 과오를 반성하지 않는 것이 이 민족의 독특한 힘과 자신감의 원천 중의 하나임을 나도 인정한다. 하여튼 그 광우병 시위들이 이명박 정권의 의지를 임기 초부터 꺾어 놓았던 만큼 진보 입장에서 봤을 때는 국민들을 가짜뉴스로 선동한 것은 신의 한수였다.

2009년 5월 23일 노무현 전 대통령은 스스로 목숨을 끊었다. 다음 날 아침에 나는 미국인 라디오 기자와 함께 봉하마을로 갔다. 노무현의 임기 마지막 몇 달 동안 지지율이 20%를 밑돌았고, 검찰이 뇌물과 관련된 수사에 나서자 그의 인기가 한 단계 더 떨어져서 이미 거의 잊혀진 사람이었다. 그래서 우리가 진영시에 도착했을 때 봉하마을로 향하는 길이 이미 조문객 행렬로 가득 차 있는 뜻밖의 광경에는 내 눈을 의심했다. 더운 날씨에도 불구하고 검은색 정장 차림이었던 그들의 암울한 표정을 보면 나라에 재난이라도 닥쳤다고 생각될 정도였다.

하지만 노무현 신화가 윤곽을 드러내기에는 아직 일렀는지 우리가 지나가는 사람들에게 노 전 대통령의 정책 중 특별히 좋았던 것을 꼽아 달라고 했더니 그들은 당황하는 표정을 지었다. 기껏해야 "소탈하고 소박한 사람이었다", "서민을 늘 걱정해 줬다" 등 애매모호한 칭찬을 했을 뿐이다. 그의 죽음에 대해 슬퍼하기보다는 그를 자살로 몰고 갔다고 여긴 이명박 정권에게 분노하는 분위기였다. 얼마 안 있어 일부 여당 정치인들이 조의를 표하러 도착했을 때 5·18 기념식에서 자주 일어나는 것처럼 물병들이 던져지고 "무슨 염치로 여기 오냐?"라는 잔뜩 성이 난 외침이 들렸다.

보수 정권에서도 좌파는 뉴스 미디어와 문화계를 계속 장악하고 있기 때문에 원하는 방향으로 여론을 형성하기가 어렵지 않다. 저녁에 부산역으로 돌아왔을 때 한 호프집 앞에 앉아 있는 젊은 남자는 우리에게 "고인에 대한 존경심으로 무알코올 음료를 마시고 있다",라고 말했다. 내 기억으로는 몇일 동안 오락 방송들이 전면 취소되었다. 훗날 2014년 4월 세월호 사건 때보다 더 급작스러운 집단적인 애도였다. 이런 여론에 주눅이 든 검찰은 노무현 가족이 연루된 모든 혐의에 대한 조사를 즉각 중단했고 보수 논객들조차 그가 무슨 혐의로 수사를 받았었는지 언급하기를 꺼려했다. 마치 박물관에서 아주 귀중한 전시물 주위에 벨벳 밧줄로 울타리를 치는 것과 같은 느낌이었다. 진보 공세 앞에서 중도 보수가 소심하게 물러선 또 하나의 사례였다. 1987년 이후 대한민국의 역사는 그런 후퇴의 연속으로 되어 있다.[1]

내가 2010년 3월 27일 부산행 KTX에서 천안함에 대한 소식을 처음 들었을 때 '이번만큼은 진보조차도 김정일을 비난하고 나설 것이

---

[1] 참고로 미국에서 누구의 사망에 대한 그런 반응은 상상할 수 없다. 케네디 대통령이 1963년에 암살당한 이후에도 그의 간통이나 쿠바 침공 실패가 계속해서 도마 위에 올랐다. 서양인은 누가 자살하는 것으로 "죄를 안고" 갈 수 있다고 생각하지 않는다. 한국 시인 김지하가 이미 1991년에 비판했던 "죽음의 굿판"이란 면에 있어서는 이 나라는 일본 문화의 영향을 크게 받은 것임에 틀림없다. (군사독재 시절에는 몇 명의 민주화 운동가들이 할복 자살까지 했다.)

다'라는 순진한 생각부터 했다. 그런데 진보는 그렇다 치고 우파조차
도 그렇다 할 만한 반북 시위를 하지 않았다. 대부분이 이 사건에 대
해서 관심조차도 내비치지 않았다. 말할 것도 없이 이 모든 상황이
미국인인 나에게 또 다시 머리를 얻어맞은 것 같은 기분이 들게 했
다. 다른 나라가 갑자기 미국 함정을 침몰시켜 수십 명의 해군을 죽
인다면 절반 이상의 미국인은 반사적으로 즉각적인 보복을 요구할
것이다. 싸움부터 하고 보자는 이 집단적인 본능이 지나친 것은 나도
인정한다. 사우디 아라비아 테러리스트들이 저지른 9·11에 대한 복
수로 아프가니스탄을 즉시 침략한 것은 아주 어리석고 잘못된 일이
었다. 그러나 거듭되는 공격을 앉아서 당하기만 하는 나라가 과연 오
래 버텨낼 수 있을까?

천안함 피격이 누구의 소행이었는지 뻔했지만 이명박 대통령은 국
민들에게 속단을 내리지 말라고 했다. 88올림픽을 무조건 성사시키
려고 했던 노태우 정권이 1987년 KAL 폭파 사건을 빨리 덮고 넘어가
고 싶어했던 것처럼, 2010년 11월에 서울에서 개최될 G20 정상회담
을 앞두고 있던 이명박 대통령이 천안함 사건의 여파를 빨리 잠재우
고 싶어하는 속내가 여실히 보였다.

이런 것들에 대한 당혹스럽고 복잡한 마음에서 나는 논평 하나를
써서 『뉴욕 타임즈』에 기고했다.[2] 효순·미선 사고에 대한 국민들의
분노와 천안함에 대한 상대적 무관심을 비교 분석하는 것이었다. 내
가 내린 결론은 한국인은 외국인이 가하는 공격은, 설사 그것이 사고
로 인한 것이라 하더라도 한민족에 대한 공격으로 여기고 격분해서
들고 일어나는가 하면 같은 민족인 북한이 가하는 공격은 남북 정권

2 B.R. Myers, "South Korea's Collective Shrug," *New York Times*, 2010.03.27.

간의 문제로 최소화하려는 경향이 있다는 것이다.

물론 한국 보수는 이 사설에 동감했다. "북한 공격에 우리가 얼마나 심각할 정도로 무디어져 있길래 미국인이 나서서 문제를 지적하는가?"라는 반응이었다. 『조선일보』에 나온 한 보수 단체의 광고에도 발췌 부분이 포함되었다. 반면 좌익에서는 현실 왜곡이니 뭐니 하며 나를 비난하기에만 급급했다. 서양에서는 누군가가 진실을 왜곡했다고 비난할 경우, 진실이 무엇인지, 어떻게 왜곡되었는지 구체적으로 설명해야 하지만 한국에서는 "망언!"이라고 외치기만 하면 끝이 난다.

천안함 사건에 대한 미적지근한 대응에 고무라도 된 양 북한은 11월에 연평도를 포격했다. 한국군 병사 두 명이 사망했다는 소식에도 한국인 대부분이 크게 개의치 않았다. 그날 밤 한 미국 기자가 서울 거리에 나가 행인들에게 포격에 대해 느낀 감정을 물어보면서 돌아다녔는데 술에 약간 취한 일행이 그저 웃기만 했을 뿐이라고 보도했다.[3] 민간인 두 명도 사망한 것으로 보도된 후에서야 사람들이 화를 내기 시작했지만 그나마도 일시적인 현상이었다. 2010년 12월에 군사 훈련을 실시하기로 한 이명박 대통령의 결정에는 민심이 부정적으로 반응했다. 그런 대응은 무모하게 긴장만 고조시킬 뿐이라는 것이 컨센서스였다. 정부가 군복차림인 배우 이준기가 국민 단합을 호소하는 영상을 전국 학교에 배포했지만 야권이 "군사정권 국가주의로의 회귀"나 "전체주의 국가에서 일어나는 일"이라고 외친 결과 영상은 곧바로 사라졌다.[4] 정부가 국내 비판에도 맞서지 못한다면 어떻

---

3 Doualy Xaykaothao, "Life as Usual for Citizens in Seoul," *All Things Considered*, National Public Radio, 2010.11.24.

4 연평도 포격이 국민 탓?…이준기 '반공 동영상' 논란," pressian.com, 2011.03.10; 천정배, "이준기씨의 안보영상은 전체주의 국가에서나 있을 법한 일," tistory.com, 2011.03.14.

게 외부의 적에 맞설 수 있겠는가?

원래는 한 국가가 공격을 당하면 유권자들은 당분간이라도 안보의 가치를 입으로라도 강조하는 보수 진영 쪽으로 몰린다. 그러나 2011년 보궐선거에서는 북한을 대변해 준 민주당이 더 좋은 성적을 얻었다. 천안함에 대한 책임을 이명박 정권으로 돌린 박원순도 2011년에 큰 표차로 서울 시장으로 당선되었다. 1장에서 이미 말했지만 이런 일련의 일들이 한반도에 대한 내 시각을 완전히 바꾸어 놓았다.

그때까지만 해도 나는 북한이 통일을 단념한 줄로 알고 핵 개발의 주요 기능이 내부적 결집이라고 믿었다. 이렇게 생각한 것은 루이스 멈퍼드(1895~1990)라는 미국 사회학자의 영향 때문이었을지도 모른다.  멈퍼드는 고대 이집트에서 이루어진 피라미드 건설을 모든 국민들을 절대 복종토록 하는 "거대기계"(megamachine)라고 주장했는데 이에 설득된 나는 핵무기를 북한의 피라미드로 봐왔던 것이다. 어느 정도까지는 그런 역할을 수행한다고 아직까지도 생각하지만 천안함과 연평도 포격에 대한 한국인의 반응을 보고 "최후의 승리"라는 것이 그냥 주워섬기는 말뿐인 선전 구호가 아니라, 북한 정권이 목숨 걸고 추진하기에 충분히 현실적인 목표임을 파악하게 되었다. 동시에 북한을 잘 이해하려면 한국 정치도 정말 잘 이해해야 한다는 사실도 뒤늦게 깨달았다.

어느새 10년이 훌쩍 지났는데도 남과 북의 정치문화 모두에 똑같은 무게감을 두고 연구하고 있는 서양 연구자는 나 혼자뿐인 것 같다. 나머지 북한 전문가들은 한국에 살고 있다 하더라도 국내 정치에 대해 별로 흥미가 없다. 따라서 한국 보수의 보수성을 과대평가하고 한국 진보를 미국식 리베랄로 잘못 보는 경향이 여전하다.

제 16 장

북한의 3대 세습

2011년 6월에 나는 북한에서 일주일을 보
냈다. 정치 문화 연구자로서 대부분의 관광
객들이 지루하다고 생각하는 기념물에 관심
이 많았기 때문에 가이드들에게 인기가 많았
다. 북한의 육류 부족을 고려해 볼 때, 내가
채식주의자라는 사실에 기뻐했을 것도 같다.

외국인을 상대하는 모든 가이드와 호텔 직원은 세심한 교육과 모
니터링을 받는 사람들이라 자유로운 대화가 불가능했다. 그들이 자
신의 지도자와 국가에 대한 칭찬만 늘어 놓는 것은 물론이었다. 그러
나 어떤 칭찬은 열정적이고 진심 어린 것처럼 들리는 반면, 어떤 칭
찬은 별로 마음에서 우러나오는 게 아님을 알 수 있었다. 김일성 이
야기를 할 때와 김정일 이야기를 할 때 표정과 목소리의 톤이 많이
달라졌다(그때 아직은 저자세를 취하고 있던 김정은에 대해서는 모르는 척했
다). "조선민주주의인민공화국"에 대해 이야기할 때는 김일성 이야기
를 할 때와 같은 표정과 말투였다. 그렇다고 해서 그들이 『로동신문』
에서도 종종 격렬한 비판의 대상이 되는 "일꾼"이나 관료를 열광적으로 지지했다는 것은 아니다. 하지만 공화국 그 자체와 국가가 이룩한 업적에 대한 그들의 강한 자부심만큼은 의심할 여지없이 강했다. 한국인들에게 그들의 맹목적인 열정을 본받으라는 의미는 물론 아니지만, 그 열정이 북한에게 안보라는 면에 있어서 큰 이점을 제공한다는 점을 인식할 필요가 있다. 구식 소총을 든 맨발의 북베트남 병사들이 상대적으로 부유하고 잘 무장된 남베트남 병사들을 물리칠 수 있었던 이유는 그들이 지금의 북한 주민들과 같은 강한 국가정신을 지니고 있었기 때문이다. 독자는 "미국이 우리를 끝까지 지켜줄 테니 안보는 걱정할 필요가 없다"라고 생각할지도 모른다. 남베트남 사람들이 그랬던 것처럼.

내가 부산으로 돌아와 6개월이 지난 후 기말고사 감독을 하고 있던 중 갑자기 휴대폰으로 여기저기 외국 언론사로부터 전화가 걸려왔다. 전화를 받을 수는 없었지만 뉴스를 확인해보니 김정일의 사망이 모든 언론을 도배하고 있었다. 그는 69세밖에 되지 않았지만 뇌졸중을 몇 번 겪은 뒤라서 한국인 기준으로 볼 때 80세 같이 보였던만큼 아주 놀라운 소식은 아니었다. 평양에서 바로 추도식이 열리고 주민들이 애절하게 통곡하는 방송을 보게 되었다. 눈물을 흘리는 사람이 거의 안 보여서 많은 외신기자들이 과연 진심 어린 애도인지 물어왔다. 그런 의구심은 주민들이 그런 못된 독재자를 정말로 사랑했을 리가 없다는 추측에서 비롯됐겠지만 서양과 한국의 상조 문화가 판이하게 다르기 때문이기도 했다. 서양 같으면 애도자는 성별을 떠나서 슬픔을 좀 자제하는 편이다. 눈물을 멈추지 못하면 적어도 짙은 색 안경을 낀다. 그와는 달리 한반도 전통은 남자는 눈물을 좀 자제하더라도 여성은 통곡과 몸짓으로 애도를 표한다. 곡소리가 더 크고 구슬플수록 더 깊은 애도라고 여겨서 일부러 더 심하게 과장할 때도 있지만 그렇다고 해서 슬프지 않은 것은 아니다.

이렇듯 과장된 애도는 미국인에게 와 닿지 않는다.[1]

그렇기 때문에 2011년 평양에서 남자들이 여성 못지않게 통곡하고 몸부림치는 장면들이 미국 기자들에게는 말도 안 되는 쇼처럼 보였다. 하지만 우리가 김정일을 아무리 싫어한다고 해도 북한 주민들에게는 그를 우러러볼 이유가 충분히 있다는 것을 인정해야 한다. 국가가 매년 민생을 향상시켜야 할 의무가 있다는 우리의 사고방식은 사실상 그다지 오래된 것이 아니다. 1945년까지만 해도 서양인 대부분이 국가의 주요 임무는 나라를 외부의 적으로부터 보호하는 것이라고 믿었다. 한 번도 민주주의 맛을 본 적이 없는 북한 주민들이 여전히 그런 구시대적인 국가관을 갖고 있는 것은 당연한 일이다. 그 기준만으로 판단한다면 김정일이 잘 했다고 볼 수밖에 없다. 1995년에 선군정책을 표방하고 핵무기를 개발하겠다고 약속했고, 모든 역경을 이겨내고 그 약속을 지켰다. 또 한 가지 염두에 두어야 할 사항은 북한 생활 수준이 여전히 한국보다 턱없이 뒤떨어져 있기는 해도 김일성 시대 후반보다는 많이 좋아졌다는 것이다.

그렇다고 해서 모두가 김정일 정권을 전면적으로 지지했다는 것은 아니다. 앞서 말했듯이 인간은 동시에 두 개의 상반된 관점을 가질 수 있는 아주 복잡한 존재라 대부분의 북한 사람들 마음에도 정권에 대한 지지와 반대가 뒤섞여 있다. 내가 만나본 탈북자에 따르면 아주 많은 주민들이 정권이 추구하는 큰 그림은 옹호하면서도 그것을 이

---

1 한국 영화 『괴물』(2006)의 장례식 장면에서 조문객들이 대성통곡하는 것을 본 미국 관람객들이 웃기려는 장면인 줄알고 영화관 내에서 폭소가 터졌다고 한다.

루기 위한 정책이나 방법에 대해서는 회의적이었다. 대부분의 탈북자들조차도 김일성에 대한 신화만큼은 끝까지 믿는다. 한마디로 북한 선전은 우리 외부 사람들이 생각하는 것보다 훨씬 더 효과적으로 주민들의 뇌 속 깊이 파고들었다고 볼 수 있다. 목숨을 걸고 탈북할 정도로 체제가 싫은 사람들 중의 상당수가 선전이 제대로 전달되지 않는 함경북도 외딴곳 출신임이 과연 우연일까?

물론 김정일의 사망으로 후계자에 대한 외부의 관심이 크게 높아졌다. 서양 전문가 10명 중 9명은 김정은이 스위스에서 학교를 다녔다는 이유만으로 과감한 개혁가가 될 것이라고 자신 있게 예측했다. 스위스 물을 좀 마셔 보기만 하면 누구든 자본주의의 우월성을 깨닫게 될 수밖에 없다고 단순하게 생각하는 것 같았다. 하지만 레닌도 6년 동안 스위스에서 살지 않았는가? 어차피 김정은은 스위스 주거 당시 대부분의 시간을 사회로부터 격리된 채 북한 간부들과 함께 보냈다고 한다.

더 중요한 사실은 북한 지도자가 누가되든지 간에 감히 나서서 근본적인 개혁을 시도하려 해도 할 수 없는 입장에 처해 있다는 것이다. 경제 개방화가 잘 진행되어서 선군정치를 포기하고 경제발전을 가져온다 해도 북한은 겨우 2류 대한민국으로 전락할 수밖에 없다. 그런 국가가 한반도에 따로 존재할 명분도 이유도 없다.

세습 과정에서 가장 놀라웠던 점은 북한 선전 기구의 연 이은 헛발질이었다. 새 지도자가 나이가 어린 만큼 참모들로부터 이미지 관리에 대해 좀 더 세심한 조언을 받을 거라고 예상했다. 예를 들어 1994년에 사망한 김일성에 대한 애도 기간이 거의 1년이었던 반면에 김정일이 죽은 지 6주가 채 지나기도 전에 김정은이 활짝 웃으며 놀이공원을 찾는 모습이 『로동신문』 1면에 나왔다. 미국 농구 스타 데니스 로드먼과의 만남도 큰 실수였다. 사진을 보면 그들 주변에 앉아 있는 관리들이 야구모자를 쓰고 선글라스를 낀 흑인 선수를 공손하게 대하는 "최고존엄"을 보며 어리둥절해하는 모습이 보인다. 외국에서 자란 김정은이 북한의 정치 문화를 이해하지 못했는지 첫 1~2년 동안 그런 NG가 잇따라 있었다. 심지어 그의 여동생인 김여정이 중요한 행사에서 장난치고 있는 모습이 포착된 적도 있다. 하지만 중요한 것은 김정은이 이런 실수를 인식하고 바로잡았다는 점이다. 오늘날 그의 이미지는 10년 전과는 매우 달라졌다. 이와 대조적으로 한국의 보수는 지난 75년 동안 국가정신을 강화하는 선전에 대해 아무 것도 배우지 못한 것 같다.

제 17 장

문재인 후보의 패배

김정은이 어떤 개혁도 실행하지 않았음에도 남북연합에 대한 한국 진보의 관심은 더욱 커졌다. 2012년 초에 나온 백낙청의 『2013년 체제 만들기』라는 책이 출간되었을 당시 큰 화제를 불러 모았다.[1] 내가 저자를 직접 만난 적은 없지만 그의 형 백낙환(1926~2018)이 2005년 나를 인제대 한국학과에 직접 초빙했다. 서울에 있는 그의 사무실을 방문했을 때 벽에 걸린 김정일과 따뜻하게 악수하는 모습이 담긴 커다란 사진을 본 기억이 아직도 생생하다. 백병원이 개성공단에서 의료서비스를 제공할 수 있는 계약을 따냈을 정도로 관계가 좋았다.

백낙환의 동생 백낙청이 쓴 그 책은 진보 진영의 사고방식을 매우 간결하고 이해하기 쉽게 요약한 것이다. 기본 주장은 다음과 같다. 한반도의 분단에도 불구하고 남한과 북한은 모두 같은 "분단 체제"에

---

1 백낙청(2012), 『2013체제 만들기』, 창비.

속해 있다고 보아야 한다. 부자연스럽고 비인간적인 이 체제는 양쪽 국가의 경제, 안보, 인권 문제 등의 원인이 되고 있다. 남북관계 정상화나 대북 경제지원이 물론 좋지만 북한이 한국의 존재 자체를 위협으로 인식하고 있다는 문제를 해결하지는 못한다. 만일 한국이 북한의 비핵화와 개혁을 정말 원한다면, 어떤 보수 정권도 되돌려 놓을 수 없는 남북연합이나 연방을 이룩해야 한다.[2]

백낙청은 낮은 단계 연방제안이 이미 2000년 6월 15일 공동선언과 2007년 정상회담 합의서의 핵심 부분이었다고 정확하게 지적한다. 그가 연방제가 돌이킬 수 없게 될 때까지 양쪽 정권이 자신의 국민들이 모르게, 물밑협력을 점진적으로 확대해 나가야 한다고 쓴 대목은 내게 무척이나 흥미로웠다. 한마디로 국민들을 속여야 한다. 그렇게 진행시키다가 어느 시점에 들어섰을 때 돌연히 연방제를 기정사실로 선포하면 국민들은 받아들일 수밖에 없을 거라는 계산이 깔려 있다.

내가 볼 때는 평화에 도움이 되는지 안 되는지를 떠나서 대한민국 국민들 모르게 독재정권과 연합을 맺는 의도 그 자체가 벌써 위헌적이다. 그 책을 읽었을 때 나를 더욱 소름 끼치게 한 것은 연방제를 성사시키려면 북한보다 대한민국이 정치문화를 개혁해야 한다는 주장이다. 보수를 철저하게 청산하고 언론의 자유를 제한해야 한다는 뜻으로 해석할 수밖에 없다. 바로 이 책이 그 당시 민주당, 특히 문재인 진영에서 히트를 친 것이다.

물론 보통 사람들은 그런 지적 담론에 관심을 둘 리 만무했다. 그때 민주당이 인기를 끌게 된 주된 원인은 계속 커져 가는 노무현의 신화 때문이었다. 2012년에 그는 이미 일종의 성인(聖人)으로 신격화

---

2 같은 책, 19-21, 36, 83, 97, 121.

된 상태였다. 어떤 면에서 미국의 링컨 숭배와 비슷하다. 두 사람 모두 부유한 변호사이자 영리한 정치인이었음에도 불구하고 소박함의 화신으로 기억되고 있다. 노무현의 좌파성도 엄청나게 과장되었다. 한미 FTA, "삼성 공화국", 이라크로의 자이툰 파병에 대한 논란 등은 마치 진보의 집단 기억에서 지워진 것 같다. 물론 이 신화는 노무현과 가장 밀접하게 연결되어 있던 문재인에게 유리하게 작용했다. 2012년 8월 16일 인천시청에서 열린 김대중 전 대통령 서거 3주기 추모식에서 아직 대선 후보가 아니었던 문재인은 당선되면 남북연합을 임기 내 실현하겠다고 과감하게 약속했다.[3]

그러나 김정은과 마찬가지로 문재인도 그 당시 선전에 서툴렀다. 2012년에 급진 좌파 세력인 이정희도 대선에 출마했으니 문 후보에게 자신을 온건한 중도주의자로 포장할 수 있는 철호의 찬스가 주어졌다. 하지만 이 찬스를 제대로 이용하지 못했다. 박근혜 후보를 막무가내로 공격하던 TV토론에서 문 후보가 이씨에게 기본적인 예의라도 지키라는 신사다운 말 한마디만 했어도 대선에서 승리하지 않았을까 싶다. 그 대신 가만히 앉아 있기만 했다. 게다가 그날 TV토론을 시청한 공지영 소설가는 흐뭇한 어조로 "이정희는 문재인의 내면의 소리 같다"는 글을 트위터에 올렸다.[4] 눈치 없는 발언이기는 했지만 아주 정확한 해석이었다. 나이 든 많은 보수 유권자들이 선거일에 투표소로 몰려든 것은 그들도 같은 인상을 받았기 때문일 것이다.

대선 당일은 나에게 흥미진진한 하루였다. 저녁에 서울에 있는 카

---

3 동영상은 여기서 확인할 수 있다: KSB 왕국의 역습, 문재인 "북한과 낮은 단계 연방제를 꼭 실현하겠다." (2019.02.04.).

4 공지영, "이정희는 문재인 내면의 소리", 『New Daily』, 2012.12.04.

타르 방송사 알자지라(Al Jazeera)의 스튜디오에서 인터뷰가 있었기 때문에 광화문 광장을 걸어서 지나가고 있었는데 여기저기에 텐트를 치고 있던 재야 인사들이 갑자기 뛰쳐나오며 "문재인이 이길 거래!"라며 격앙된 목소리로 외쳐댔다. 방송사 스튜디오에 도착하자 한 호주 출신 기자가 나에게 서울 Y대학의 유명한 진보 폴리페서가 방금 입이 찢어지게 웃으며 다녀갔다고 말을 했다. 나는 누가 이길지 모르는 상태에서 좀 어색한 인터뷰를 마치고 난 뒤 서울역으로 돌아가는 길에 휴대폰으로 뉴스를 다시 확인해 보니 박근혜의 승리가 기정사실로 보도되고 있었다. 결국은 상당한 표 차로 이긴 것이다. 역시 한국 정치는 언제나 예측하기가 어렵다.

제 18 장

"독재자의 딸"

미국 독자들에게 한국 뉴스의 주요 출처는 『뉴욕 타임즈』의 한국인 기자 최상훈이다. 『한겨레』 출신인 최 기자는 까놓고 민주당 편을 드는 기사를 쓴다. 박근혜가 2012년 "경제 민주주의"와 "남북 신뢰구축"을 외치며 중도 성향의 노선으로 선거운동을 벌였을 때도 최 기자는 '독재자의 딸'이라고 운운하며 21세기 한국에 맞지 않는 극우 권위주의자라는 프레임을 씌우려고 노력했다. 문재인에 대한 비판은 물론 삼가했다. 선거 며칠 전, 나는 미국의 한 유명한 신문사 기자와 함께 커피를 마시고 있었는데, 그가 하는 말이 "『뉴욕 타임즈』가 최상훈의 심한 편향성을 왜 봐주는지…"라고 하면서 이해할 수 없다는 듯 고개를 가로저었다. 이것이 왜 중요한가 하면, 서울에 주재하고 있는 외신기자들 대부분이 『뉴욕 타임즈』의 "agenda – setting"(의제 설정)을 따르기 때문이다. 이런 이유로 서양에서 박근혜의 이미지는 시초부터 "독재자의 딸"이었다.

북한 내부 선전의 핵심을 이루는 신화는 "남측 인민들"도 "수령님"을 우러러본다는 것이라 보수 대통령 당선은 선전 기구에 대한 도전이 아닐 수 없다. 2007년에 이명박 당선이 확정된 지 몇 주가 지난 후에서야 『로동 신문』에서 보도가 된 것도 그런 이유 때문이었다. 그런데 이명박의 취임 몇 주 만에 광우병 시위가 벌어졌고, 많은 시위자들이 북한 뉴스 방송에서 보기 좋게 "독재자 이명박 퇴진"이라고 하는 팻말을 들고 있었다. 이런 장면들은 이명박이 유권자들을 기만하는 것으로 대통령이 되었다는 『로동신문』의 주장을 고스란히 뒷받침해 주는 꼴이 되고 말았다.

그러나 박근혜가 당선되면서 선전기구는 남측 인민들이 왜 또 다른 친미주의자를 뽑았는지 설명해야 하는 압박을 받게 되었다. 김정은이 박 대통령 임기 초에 한국과의 긴장을 극적으로 고조시킨 것은 체면을 회복하기 위함이었다는 것이 합리적인 추측이다. 나는 1990년부터 북한 매체를 지켜봐 왔지만, 그렇게 강도높은 욕설과 위협들을 들어본 적이 없었다. 김정은이 가장 먼저 실천한 일 중의 하나가 개성공단의 노동자들을 모조리 철수시킨 것이었다. 이것만 봐도 전 세계 신자유주의자들의 주장과는 달리 경제협력이나 무역관계가 남북 긴장을 완화하는데 별반 도움이 되지 못한다는 것을 알 수 있다.

2013년 봄은 매우 긴장이 고조된 시기였다. 남북 관계에 별로 관심이 없던 내 학생들조차도 정말로 전쟁이 일어날 것인지 나에게 걱정스럽게 물어보곤 했다. 그때 나는 미국 언론과 많은 인터뷰를 했고 미국 뉴스 잡지 『뉴스위크』지에 커버스토리도 게재했다. 잡지사에서 기사가 나왔다고 하면서 링크를 보냈기에 들어가 보니 김정은의 얼굴이 대문짝 만하게 나온 표지였다. 엉뚱하게도 내 이름과 기사 제목이 "최고존엄"의 이마에 굵은 글씨체로 찍혀 있었다. 다음 날 수업에서 내가 이 표지를 자랑스럽게 보여주었는데 학생들의 반응이 의외로 시큰둥했다. 그러다가 "이름을 거기다 인쇄한 건 좀 아닌 것 같아요"라고 누군가가 말하는 소리가 들려왔다. 순간 나는 "이 나라 민족주의가 상상을 뛰어넘을 정도로 심각한 수준이구나"라는 생각이 들었다. 그 당시 김정은 정권은 한국을 초토화하겠다는 둥 "항복할 사람조차도 남기지 않겠다"는 둥 온갖 위협을 가하느라 혈안이 되어 있었는데 내 학생들은 겨우 미국 잡지사가 그에게 충분한 예의를 갖추지 않았다고 불만을 표하다니. 나는 웃음을 참지 못했다.

긴박했던 2013년 봄이 지나고 1년 후 세월호가 침몰했다. 4월 16일 아침에 가라앉기 시작했는데 다음 날인 수요일에 특강이 잡혀 있던 나는 서울로 올라갔다. 그때만 해도 구조대원들은 일부 사람들을 구할 수 있다는 희망을 아직 가지고 있었다. 특강 시작 전에 나는 붐비는 학교 카페테리아에 앉아 한쪽 기둥에 걸려 있는 작은 TV 화면을 통해 세월호에 대한 뉴스를 한동안 보다가 주위를 둘러보았는데, 즐겁게 수다를 떨고 있던 학생들 중 그 누구도 뉴스에 관심을 기울이지 않았다. 노무현 자살 직후와는 완전히 다른 분위기였다.

내 추측으로는 세월호 사건은 많은 사람들의 머릿속에 인지 부조화를 일으켰다. 한국 민족이 특히 자랑스럽게 생각하는 것은 정(情)이라는 감정이다. 내가 1980년대 연세대 한국어 학당에 다녔을 때도 선생님은 정은 한국인 고유의 감정이라고 우기기 일쑤였다. 그러나 세월호 선장과 일부 선원들은 가장 신성한 해양 전통을 위반하며 그 수많은 아이들을 제쳐 두고 먼저 구조되었다.

이에 대한 첫 반응은 어떻게 보면 9 · 11에 대한 우리 미국인의 반응과 비슷했다. 『람보』(1985)나 『다이 하드』(1988)와 같은 액션 영화만 봐도 우리 미국인은 자신을 아주 터프하고 용감한 민족으로 간주한다는 것을 알 수 있다. 하지만 9 · 11 때 20명도 채 안 되는 외소한 아랍인들이 상자를 열 때나 사용하는 작은 칼로 비행기 몇 대를 납치할 수 있었고 단 한 대의 비행기 내에서만 승객들이 뭉쳐서 그렇다 할 만한 저항을 시도한 것으로 알려졌다. 많은 미국인에게 이 부분이 아마도 9·11의 가장 뼈아프게 인정하기 힘든 측면이었다고 본다. 얼마 지나지 않아 미국은 아무런 연관도 없는 아프가니스탄을 공격했다. 그렇게라도 우리가 여전히 강인하고 용감한 민족이라는 것을 스스로에게 증명해 보이고 싶었던 것은 아닌가 하는 생각이 든다.

반면에 한국인들은 세월호 비극에 대한 모든 책임을 모조리 정권의 탓, 특히 박근혜의 탓으로 돌렸다. 심지어는 국가를 세월호, 민족을 무고한 승객들과 비유하는 그림이나 만화가 쏟아져 나왔다. 그 순간부터 세월호는 커다란 상징성을 부여받았고, 진보라고 자칭하는 사람들은 노란 리본을 달고 돌아다녔다. 그 사고를 진보의 또 다른 도덕적 자본의 원천으로 만드는 데 크게 성공한 것이다.

모든 민족은 이성적인 면도 있고 비합리적인 면도 있다. 만약 9·11과 같은 일이 서울에서 일어난다면 한국은 엉뚱한 나라를 막무가내로 공격하는 것으로 화풀이를 하지는 않을 것이다. 그 반면에 세월호와 같은 배가 캘리포니아 해안에서 가라앉는다면, 미국인의 분노는 1) 선장 2) 해안 경비대 3) 배 소유주에게, 그것도 바로 그 순서대로 분출될 거라고 나는 확신한다. 대통령 탓으로 돌리는 미국인은 별로 없을 것이고, 그가 가장 가까운 항구로 최대한 빨리 달려가지 않았다고 비난하는 사람은 더

더욱 없을 것이다.

한국 사람들이 지도자가 어머니 같은 존재가 되기를 바라는 건 아닐까 하는 의문이 든 건 그때가 처음이 아니었다. 이인직의 『혈의 누』(1906)를 비롯한 신소설을 읽어보면 착한 일본인이 한국 어린이를 구하는 장면이 많다. 일본은 어머니 민족, 한국은 어린이 민족으로 나온다. 앞서도 말했지만 1940년대 후반의 북한 문학에는 소련 여성이 북한 사람을 힘겹게 업고 가는 장면이 많다. 김일성도 50년 동안 어머니에 비유되었다. 소련 시인들은 스탈린의 지성을 구현하는 밝은 눈을 가장 높이 칭송했는가 하면, 북한 시인이나 화가들은 김일성의 부드러운 품에 초점을 맞추었다. 김정일을 대놓고 "위대한 어머니"로 부를 때도 있었고 요즘은 김정은의 모성애도 찬양의 대상이다.[1]

이 점에 있어서는 한국의 정치 문화도 그렇게 다르지 않다. 예를 들어 2012년 대선 직후 표창원은 박근혜가 "국민 모두의 어머니"가 되기를 바란다고 했다.[2] 문재인은 박 대통령이 세월호 유족들을 "어머니 같은 마음으로" 만나야 한다고 했다.[3] 내가 미국인이라서 그런지 이것은 비합리적인 태도라고 생각한다. 어머니 같은 지도자를 필요로 하는 민족은 미성숙하고 소극적일 수밖에 없다. 박정희 대통령이 새마을운동으로 뿌리뽑고자 했던 게 바로 이런 사고방식이었다. "근면, 자조, 협동"이라는 그가 심어 준 원칙들 덕분에 한국이 IMF 위기에서 다른 나라보다 훨씬 빠른 속도로 벗어났다고 본다. 그런 만

---

1 "그 품 떠나 못 살아," 『로동신문』, 2003.10.10, B.R. Myers, "The Personality Cult of Kim Jong Un," *Journal of Peace and Unification*, Fall 2013, 87-90.

2 기영주, '쿨한' 표창원 프리허그, "어머니같은 대통령 바라며 약속지켰다," 『EveryNews』, 2012.12.20.

3 문재인 "朴대통령, 어머니 같은 마음으로 유족 만나야", 『세계일보』, 2014.08.22.

큼 하필 박정희의 딸이 울면서 세월호에 대한 모든 책임을 지는 것으로 소극주의 전통으로의 회귀를 장려한 것은 아이러니가 아닐 수 없다. 공세에 굴복하는 것으로 좌익을 달랠 수 있다고 생각을 한 것 같다(이것은 한국뿐만 아니라 미국의 중도 정치인들도 흔히 범하는 실수다). 결국은 박 대통령의 나약한 모습은 여당 내부의 적들에게 용기를 불어넣었다.

2014년과 2015년에 나는 북한 이데올로기에 관한 책을 집필하고 있었기 때문에 한국 여당 내의 분열이 얼마나 심각한 상태에 있었는지 잘 모르고 있었다. 그 무지의 결과로 2016년에 대부분의 한국인이 그랬던 것처럼 나도 박근혜와 관련된 가짜 뉴스를 처음에 액면 그대로 믿고 말았다. 지금도 나의 어리석음을 떠올리면 부끄럽기 짝이 없다. 하지만 그 당시에도 대통령이 친구에게 연설문을 미리 보여준 것을 두고 왜 그렇게 난리를 치는건지 이해는 하지 못했었다. 미국에서는 대통령 연설 원고는 큰 비밀로 간주되지 않아서 작성자는 보안 허가를 필요로 하는 직업이 아니다. 심지어 많은 나라에서는 연설문을 작성하는 과정에서 외국인한테 보여주는 경우가 허다하다. 예를 들어 유럽 지도자가 태국에 갈 경우 태국 왕에게 본의 아니게 실례를 할지도 몰라서 원문을 먼저 태국인에게 보여준다.

삼성에게 올림픽 승마팀에 말 몇 마리를 빌려주라고 한 사실도 별일도 아닌 일에 왜들 그렇게 법석을 떠는 건지 고개를 갸우뚱하기는 했지만 문화적인 차이에서 오는 거라고 치고 나로서는 이해 불가한 무언가가 있을 거라고 생각했다. 그런 이유로 미국 대통령이 탄핵당하는 것은 상상조차 안 간다. 하지만 『한겨레』와 『조선일보』가 한 목소리로 탄핵을 촉구하는 것을 보면서 "대통령이 곧 공개될 도저히 용

129
제18장 "독재자의 딸"

납할 수 없는 일을 많이 저질렀나 보다"라는 생각을 하며 더 상세한 보도가 나오기를 기다렸다.

한국어를 읽을 줄 알고 정치 프로파간다를 몇십 년 동안 연구해온 나도 가짜 뉴스에 홀딱 넘어가 버렸기 때문에 똑같은 실수를 저지른 외신기자들을 비난할 자격이 내게는 없다. 하지만 그들이 한국 언론의 주장들을 아무런 검토없이 자국으로 전달하기만 하는 대신 좀 더 심층 있는 취재를 했어야 했다고 나는 감히 주장한다.[4] 그렇게 하지 않았기 때문에 촛불 히스테리에 기름을 쏟아붓는 역할을 했다. 날마다 국내 언론은 "미국의 X신문과 영국 Y방송이 박근혜를 비난했다"라는 식으로 한층 더 왜곡해서 보도했기 때문에 내 학생들도 "대통령이 우리 나라를 세계의 웃음거리로 만들어버린 게 제일 창피하고 화나게 한다"라고 말할 정도였다. 외부 언론이 단순히 한국 언론의 유언비어들을 되풀이하고 있을 뿐이라고 내가 몇 번이나 설명해야 했다.

그때 박 대통령은 마치 권력을 유지하고 싶지 않은 것처럼 너무 소극적인 자세였다. 2014년 드레스덴 연설문 파일이 들어 있다고 주장되는 최서원의 태블릿 PC가 조작됐다는 증거가 최근에 많이 나와서 그 구체적인 내용은 여기서 논의할 필요가 없다고 본다.[5] 어차피 태블릿에 대한 첫 보도가 나왔을 때 박근혜가 바로 카메라 앞에 나와서 "그랬다고 치자, 외부인에게 다소 무해한 연설문 초안을 보여주는 것이 뭐가 그렇게 잘못된 일인가?"라는 식으로 당당하게 되물었어야

---

4 Katherine Moon, "South Korea's Shamanic Panic," *Foreign Affairs*, 2016.12.01; Ishaan Tharoor, "South Korea's president is hardly the only leader to turn to mystics and shamans," *Washington Post*, 2016.11.02.

5 변희재(2022), 『변희재의 태블릿, 반격의 서막』.

했다. 광화문 광장에 모인 사람들 손에서 흔들리는 수많은 여성 혐오 팻말은 박근혜 대통령이 다른 민간인 여성한테서 조언을 받았다는 사실이 대중의 분노를 불러일으킨 가장 큰 이유라는 것을 보여주었다. 만약 청와대가 촛불 이면에 있는 섹시즘을 비판하고 나섰더라면 적어도 외신기자들이 무당이나 성형수술에 대한 유언비어들을 더 비판적 시각에서 다루었을 것이다. 단순히 박 대통령 개인에 관한 문제가 아니었다. 선출된 국가 지도자로서 그는 자신의 권력을 방어해야 할 의무가 있었다고 본다.

제 19 장

보수가 받은 남북연합 구축

문재인이 내가 사는 부산시 사상구를 2012년부터 2016년까지 대표했음에도 불구하고 내가 처음으로 그를 직접 본 것은 그가 2017년 대선 후보로 서면에서 유세를 했을 때였다. 나는 무대 가까이에 서서 무슨 이야기를 하는지 귀를 세우고 있었는데, 그는 주로 경제와 일자리 창출에 대해 이야기했다. 북한에 대한 언급은 지나가는 말로 몇 마디 했을 뿐이었다. 연설 후에는 롯데 자이언츠 유니폼을 입고 부산 야구팬처럼 주황색 '봉다리'를 머리에 뒤집어쓴 채 '부산갈매기'를 관중들과 함께 목청껏 불렀다. 보수 후보와 별반 차이가 없어 보여서 나는 속으로 "2012년과는 많이 달라졌네"라고 생각했다.

그러나 TV 토론 중에 유승민 바른정당 대선 후보가 문재인 후보에게 그가 5년 전에 했던 남북연합에 대한 공약을 상기시키며 그가 뜻하는 연합이 북한의 낮은 단계 연방제 조안과 어떻게 다른지 질문했다. 약간 정색하면서도 문 후보는 "낮은 단계 연방제는 우리가 주장하는 국가 연합하고 별로 차이가 없다고 생각한다"고 답했다. 대선 후보가 지향하는 한반도가 북한이 원하는 한반도와 같다는 것이다. 박근혜 탄핵 전에 그런 발언이 나왔더라면 『조선일보』는 문 후보를 맹렬하게 비난했을 것이다. 그러나 2017년에 보수언론은 소위 "합리적 보수"처럼 보이려고 노력하는 중이었다. 누구를 친북이나 종북 세력으로 모는 것은 이제 구태의연한 색깔론으로 치부하게 되어 버렸다.

　며칠 후에 당선된 문재인 대통령은 취임사에서 이명박이나 박근혜보다 더 북한에 대한 말을 아꼈다. '북핵'이라는 말만 나왔지 '북한'이란 단어는 한 번도 언급하지 않았다. 그럼에도 불구하고 새 대통령의 첫 인사는 친북 활동으로 유명한 임종석을 비서실장에 임명하는 것이었다. 그 순간 나는 청와대가 향후 5년 동안 주로 북한에 집중하리라는 것을 알았다. 결국은 문재인이 유세기간 동안 북한을 별로 언급하지 않은 것은 일종의 'bait and switch strategy', 즉 미끼를 던져 유권자들이 걸려들게 한 후 다른 것으로 바꾸는 전술이었다.

　많은 한국인들은 미국인들이 한국 정치에 대해 아무것도 모른다고 생각하지만, 미국 대사관은 임종석이 누구인지 잘 알고 있었다. 청와대 참모진에 주사파 출신이 얼마나 많은지도 대충은 짐작하고 있었다. 그럼에도 불구하고 미 국무부는 문 대통령에 대해 크게 우려하는 것처럼 보이지 않았다. 한 이유는 그는 미국인들 앞에서 자신의 이념적 본질이 드러날까봐 항상 보좌진이 조심스럽게 써준 대본에 충실했기 때문이다. 한국 보수가 조롱하던 이 습관 덕분에 적어도 2~3년 동안은 북한 비핵화라는 미국의 목표가 그의 목표이기도 하다는 듯 연기할 수 있었다.

　몇몇 미국인들이 진작부터 그의 연기를 간파했다. 그 당시 나는 백악관에서 근무하는 두 관리와 친분이 있었다. 한 명이 서울에서 문 대통령을 직접 만나본 후 "He seemed well-rehearsed"("그는 잘 훈련된 것 같았다")라고 내게 말했다. 잘 짜여진 각본대로 움직이는 것처럼 보였다는 의미였다. 한 미국 원로 여성 기자도 문 대통령과 인터뷰를 하고 난 후 나와 저녁식사를 하며 "He was very well-drilled"라고 웃으면서 말했다. 단어가 다르지만 의미는 똑같다.

그 반면에 문 대통령은 외국 특파원들에게 매우 인기가 많았다. 그들의 친문성은 『한겨레』를 능가했다고 해도 과언이 아니다. 대통령의 첫 번째 기자 회견에 참석한 여성 외신기자들은 마치 한류 팬들처럼 호들갑스러웠다. 『한겨레』는 간략하게나마 문 정권의 대형 스캔들을 다루기는 했지만 외신기자들은 조국 사태 등을 조용히 넘어갔다. 심지어 『이코노미스트』지는 추미애 법무부장관이 검찰을 "비정치화"하려고 한다며 박수를 쳤다.[1] 이 편향성이 순진한 무지에서 비롯된 경우가 많았다. 서울에 파견된 기자 대부분이 2, 3년 정도만 머무르는데 한국어 습득은 물론이거니와 정치계가 어떻게 돌아가는지 대략 파악만 하기에도 턱없이 부족한 시간이다. 또 다른 이유는 특히나 트럼프의 당선 때부터 극해진 진영의식이다. 『뉴욕 타임스』, 『워싱턴 포스트』, 『이코노미스트』 등 신자유주의 언론은 다른 나라의 모든 진보 세력을 맹목적으로 응원하고 모든 보수 세력을 "극우"나 "파시스트"로 몰아버리는 경향이 심하다(트럼프 당선 전에 나는 『뉴욕 타임즈』에 7편의 한국 관련 논평을 게재했는데 당선 후로는 내가 보낸 논평들이 모두 거부당했다).

청와대가 외신기자들을 물심양면으로 지원하고 있었다는 사실도 간과해서는 안 된다. 그동안 친북 매체 『통일뉴스』에 나와도 손색이 없을 기사 몇 편이 미국 최대 신문 『USA투데이』에 나왔는데 기사 아

---

1 "South Korea's president wants to take politics out of prosecutions," *Economist*, 2020.11.26.

래에 작은 글씨로 "이 기사는 대서양협의회(Atlantic Council)의 지원을 받아 작성되었다"라는 말이 적혀 있었다.[2] 대서양협의회는 그 당시 청와대로부터 자금을 지원받고 있던 기관 중의 하나이다.

나는 2018년에 작은 뉴스 매체에서 근무하는 독일 기자를 부산에서 만난 적이 있다. 1991년에 발생한 개구리소년 사건을 취재하러 한국에 왔는데 문재인 정부가 그에게 자동차와 운전사를 공짜로 제공해 줘서 그 자신도 놀랐다고 털어놨다. "청와대만큼 외신기자들에게 잘 해주는 정권은 북한밖에 없다"라며 웃으면서 덧붙였다.

게다가 문 대통령은 주한 외교관들 사이에서도 인기가 상당했다. 한 번은 내가 부산 앞바다에 정착한 외국 군함에서 열린 리셉션에 참석한 적이 있는데, 그곳에서 한반도기 배지를 양복 깃에 달고 있는 NATO 국가의 외교관 한 명을 만났다. 한국에선 한반도기가 친북 좌파의 소유물인 만큼 나의 놀라움은 클 수밖에 없었다.

어느 날에는 이태원에 있는 한 유럽 국가 대사관저에서 열린 저녁 만찬에 초대받아 간 적이 있는데 그곳에 모인 사람들과 이야기 도중에 내가 문득 문 대통령도 국정농단으로 기소될지도 모른다는 말을 했다. 그러자 그 대사관의 정치비서가 발끈해서 어떻게 그런 말을 할수 있냐며 굉장히 화를 냈다. 순하디 순한 문 대통령이 뭔가를 잘못할 수도 있다는 건 그에게는 상상조차 안 가는 일이었나 보다. 감정이 워낙 격해지는 바람에 얼굴까지 벌겋게 달아올랐던 그는 식사가 끝난 후에 나에게 다가와서 사과를 하기는 했지만 문 대통령을 향한 그의 충성심에는 손톱만큼도 흠이 가진 않은 것 같았다.

---

2 예를 들어: Deirdre Shesgreen, David Jackson, "South Korean President Seeks New Deal," USA TODAY, 2019.04.10.

대통령의 친북성이 끝까지 과소평가된 또 하나의 이유는 1960년대 북미나 유럽 판의 운동권 세대는 나이가 들면서 매우 온건해졌기 때문이다. 그래서 서양 외교관과 기자들은 한국의 386세대도 젊은 시절의 신념을 버린 지 오래되었다고 당연하게 여긴다. 그들에게는 젊은 나이의 옳지 않은 행동이나 발언을 두고 호들갑을 떠는 것은 악명 높은 반공주의 상원의원 유진 맥카시를 연상시키는 일이다. 내가 2017년 9월 워싱턴에 갔을 때 국무부의 한국 전문가 몇 명과 대화를 나눈 적이 있다. 대화 중에 내가 남북연합을 만들겠다고 한 문재인의 발언을 언급했을 때 담당자가 턱을 내밀며 "언제? 언제 그랬는가?" 하고 따져 물었다. 순간 내 머릿속에 "전문가가 그렇게나 중요한 사실을 모를 수가 있나?" 하는 생각이 들었다. 그리고는 2012년에 그랬다고 내가 설명하자 그는 "2012년!"에 약간 조롱 섞인 목소리로 되풀이했다. 비록 5년이라는 짧은 기간이었지만, 그는 문 대통령이 당연히 그동안에 더 합리적인 사고방식을 갖게 되었을 것이라고 여기는 것 같았다.

　　하지만 국무부가 문 대통령에게 호의적인 태도를 보인 가장 중요한 이유는 월가의 자금 지원을 받아 국무부와 대부분의 싱크탱크를 장악하고 있는 CFR이 북한에 대한 유화정책을 강하게 옹호하는 편이었기 때문이다. 이 때문에 북한과의 합의를 성사시키길 원하는 국무부와 대북 압박을 극대화하려는 국가안보회 사이에 상당한 긴장감이 감돌았다. 미 대통령 본인은 매력과 압박을 복합적으로 적용하는 것이 최선의 선택이라고 믿었다. 당시 백악관에서 일하던 내 친구는 이렇게 말했다. "트럼프가 멍청하다고 착각하지마! 김정은과의 관계에 있어서는 그는 태국 킥복싱 선수 같아. 상대방에게 활짝 웃어주고, 심지어 안아주기도 하지만 동시에 끊임없이 그를 발로 찬다구." 현명한 전략으로 들린다. 문제는 트럼프가 이성이 아니라 허영심에 지배당하는 사람이라는 점이다. 김정은이 2019년 하노이에서 조금만 더 큰 양보를 제시했다면 트럼프로부터 아주 관대한 딜을 받았을 것이다.

내가 미북 관계를 길게 논의하는 것은 한미동맹이 한국에서 일반적으로 믿는 것만큼 확고하지 않다는 것을 알리기 위해서다. 두 민족이 전쟁에서 나란히 함께 싸우며 피를 흘렸다고 해서 미국이 한국을 결코 포기하지 않을 것이라고 생각한다면 큰 오산이다. 내가 이미 인용한 박정희 대통령의 말대로, 국방의 주체인 한국 국민들이 남이 와서 국토를 방어해 주기만을 기다리는 사고방식은 버려야 한다.

안타깝게도 이러한 안일한 태도는 문재인 시대에 한국 우파에서 흔히 볼 수 있었다. 몇몇 용감한 유튜버를 제외하면 국민들의 희박한 국가정신을 더욱 약화시키려는 청와대의 선전 캠페인에 관해서도 무관심했다. 김영삼과 김대중이 각각 자신의 정부를 대한민국 최초의 합법적인 정부로 내세운 것도 사실이지만, 대한민국 역사 전체를 부정하려는 문 대통령의 노력은 훨씬 더 극단적이며 체계적이었다. 김영삼과 김대중 군사독재 시절의 공화국을 주로 자유민주주의적 입장에서 부정했던 반면에 문 대통령은 민주화 이후의 국가까지, 그것도 거센 민족주의적 이유로 부정했다. 촛불 시대에서야 비로소 대한민국이 나라다운 나라가 되었다는 선전은 북한 지도자에 대한 지속적인 미화를 동반했다. 이 모든 노력은 남북연합을 위한 정치·문화적 토대를 마련하기 위한 것이었다. 문 대통령은 동맹국의 반응이 두려워서인지 이 목표를 직접 선언하지 않았지만 통일부 홈페이지에 남북연합을 통한 통일을 추구하는 것이 정부 정책임을 분명히 했다.

이를 홍보하기 위해 정부가 전국 각지의 이른바 타운홀 미팅에 공무원과 '활동가'를 파견하기도 했다. 2019년 3월, 교육부는 남북연합을 "우리가 추구해야 할 통일과정"의 핵심 단계로 묘사하는 초등학교 도덕 교과서를 냈다.[3]

물론 친북 선전에서 훨씬 더 중요하고 효과적인 도구는 정부의 지원으로 제작된 영화나 TV 드라마였다. 친북성이라는 면에 있어서 이들은 『JSA』(2000)나 『웰컴 투 동막골』(2005)과 같은 햇볕정책 시대의 영화들을 한 단계 뛰어 넘었다. 비록 연합을 명시적으로 언급하지는 않았지만, 남과 북이 하루빨리 이념의 차이를 제치고 긴밀하게 협력해야 한다는 메시지를 재미있게 전달했다. 북한 주인공이 거의 항상 한국 주인공보다 더 멋있고, 더 결단력이 있는 인물로 나왔다는 점은 주목할 만하다. 남북 관계에서는 북 쪽이 우위를 차지해도 좋다는 생각을 하게끔 만들었다. 세련되고 멋진 북한 사람이 어리버리하거나 우스꽝스러운 한국인과 협력하는 모습을 보여주는 소위 "buddy movie" 몇 편이 큰 인기를 끌었다. 내가 북한에 갔을 때 유해진 배우와 비슷하게 생긴 남자들은 많이 봤지만 현빈 형은 보지 못했다. 그러나 『공조』(2017)라는 영화에서는 현빈이 북한 특수부대 형사로 나오고 유해진은 한국 형사로 등장한다. 『강철비』(2017)도 비슷한 캐스팅이었다. 김정숙 영부인이 높이 평가한 드라마 『사랑의 불시착』(2019)은 또 다른, 국제적으로도 효과적인 친북 선전물이었다.

이런 스토리들은 꼭 부정적인 북한 인물 한두 명도 등장시키긴 했지만 이것은 프랑스 문예 사상가 롤랑 바르트(1915~1980)가 지적한 바와 같이 아주 흔한 선전 수법에 불과하다, 즉, 체제적인 악을 더

---

3 『도덕 6』(2019), 106.

잘 감추기 위해서 부수적인 악을 인정하는 것이다.[4]

　2018년에 이루어진 한국 가수들의 평양 공연도 비슷한 한국내 선전 효과를 노렸다. 한 공연이 끝난 후 가수 조용필이 아들 또래인 김정은에게 폴더 인사를 하는 모습이나 레드벨벳의 한 멤버가 "김정은과 악수할 수 있어서 영광이었다"라고 한 것에 대해 많은 국민도 그렇고 나도 실망을 했지만 이들을 너무 탓해서는 안 된다고 생각한다. 한국 정권에서 누군가가 최대한의 존경을 표하라고 하지 않았나 싶다. 국방위원장에 대한 올바른 태도라고 생각하게끔 길들이는 "평화체제" 즉 연합 구축 과정의 일환이었다고 본다. 심지어는 한 젊은 가수가 한 번 북한군 장교복을 입고 뮤직비디오를 찍었는데 언론에서는 '섹시 카리스마 폭발'이라며 박수를 쳤다.[5]

　2018년 2월 9일 평창 올림픽 개막식도 같은 맥락의 선전 행사였다. 김정은 동생 김여정과 북한 최고인민위원회 위원장 김영남이 운동장에 도착해서 문 대통령의 좌석보다 한 계단 위에 있는 뒷줄 좌석 쪽으로 향해 갈 때 문재인과 김정숙이 일어나서 그들을 올려다보며 악수를 청했다. 북한은 의전 문제를 무엇보다 중요시하는 만큼 이 장면은 어쩌다가 일어난 일이 아니라 사전 협상에

4　Philip Watts(2016), *Roland Barthes' Cinema*, 14-15.

5　한기호, '北군복 코스프레 연예인에 "섹시 카리스마 폭발"? 제정신인가', 『펜앤드마이크』, 2018.07.31.

서 계획된 것임에 틀림없다. 대통령이 김정은도 아닌 그의 여동생에게 일부러 낮은 자세를 취했다는 결론을 피해 갈 수 없다.

어디에 가나 막대한 세금을 들여 올림픽을 개최하는 주된 이유는 항상 국가 브랜드 가치를 높이기 위해서인 만큼 당연히 개막식에서 태극기가 각광을 받았어야 했다. 개막식 전에 실시한 여론조사에 따르면 응답자의 대부분이 한국 선수단이 태극기를 따라 입장하는 것을 바랐다. 그럼에도 불구하고 한국과 북한 선수단들이 한반도기를 따라 함께 입장했다. 이것은 어쨌든 인공기가 최고 사령관 깃발과 노동당 깃발보다 낮은 지위를 차지하는 북한보다 개최국에게 훨씬 더 큰 희생이었다. 또한 청와대가 잘 알고 있었듯이 한반도기는 북한과 한국에서 아주 다른 의미를 지니고 있다. 여기서는 10년이나 20년 뒤의 동등한 파트너로서의 통일을 상징하는가 하면 북한 포스터와 미술에서는 백두산 혈통의 지도 아래 살고 싶어하는 "남측 인민들"의 열망을 상징한다.

2018년 4월 27일 판문점 정상회담이 계획된 스테이징도 북한 측을 기쁘게 했을 것이다. 군사분계선에 먼저 서게 된 문 대통령은 북쪽을 향해 판문각 계단 위에서 내려오는 김정은을 잠시나마 기다려야 했다. 올림픽 개막식 때와 비슷하게 북한 쪽이 더 높은 위치에 있다는 인상을 전달하는 장면이었다.

나중에 친북 언론에서 눈을 번쩍 뜨이게 하는 흥미로운 장면들을 보도했다. 양쪽 지도자가 '도보다리'에서 대화하고 있는 동안 뒤에 남겨진 남북 인사들, 즉 북한의 김여정, 리선권 등 과 임종석, 조명균, 정의용은 둥글게 서서 잡담을 나누었다. 기가 차는 그들의 잡담 내용이 다음 날 극단 친북 매체 『통일뉴스』에 나온 것이다. 이에 따르면 임종석 비서실장이 통일을 "만리마 속도로" 이루어야 한다는 김정은의 말을 옹호하듯이 언급하자 북한이 어떤 통일을 원하는지를 뻔히 알고 있던 통일부 장관 조명균은 "더 빠른 말을 만들어야겠다"라고 맞장구까지 쳤다. 그것도 부족해서 북한 인사들이 웃으며 지켜보는 앞에서 한국 인사들은 자기들 중에 누가 "김여정 팬클럽" 회장이 될 것인지에 대해 낯 간지러운 "아재" 농담도 서슴치 않았다.[6] 6·25가 한국 국민들이 자신을 우러러본다는 김일성의 착각에서 비롯되었다는 사실을 감안하면 이런 말장난은 부적절함을 넘어 위험천만한 일을 초래할 수도 있는 대화였다.

한반도를 자꾸 분단 독일과 비교해서 안 되었지만 총리를 포함한 서독 관리들은 동독 사람들 앞에서 언제나 품위를 지켰다는 말을 꼭 덧붙이고 싶다. 1987년 정상회담에서 서독의 헬무트 콜 총리는 동독이 잔인하게 세운 베를린 장벽에 대해 양쪽 기자단 앞에서 불만을 표명했다. 서독의 좌파 진영에도 국가정신이나 "헌법적 애국심"이 있었다. 동독 군인이나 경찰을 멋진 인물로 등장시킨 서독 영화는 한 편도 없었다.

한반도의 두 정상은 회담할 때마다 오로지 극악무도한 외세가 통일을 막고 있고, 이 문제를 "우리 민족끼리" 접근하기만 하면 모든

---

6 이광길 기자, '임종석, "내 짝꿍은 김여정" 농담..서훈.정의용도 "내가.."', 『통일뉴스』, 2018. 04.28.

것이 풀릴 것처럼 말을 하곤 한다. 그것은 6·25 휴전부터 북한의 노선이었고, 2000년에 김대중 대통령은 그것을 한국 노선으로 만들었다. 애매모호하고 짤막한 2018년 공동선언에서도 민족 자주성의 필요성이 강조되었고 2000년 공동선언을 이행할 의지가 재확인되었다. 말할 것도 없이 그 공동선언의 핵심은 바로 연방제나 연합을 위해 노력하겠다는 약속이었다.

첫 공동선언이 체결된 이후 18년 동안 북한이 57명의 한국 국민을 죽이고 목함 지뢰로 다시 또 두 명의 청년을 불구로 만들었음에도 불구하고 한국인 대부분이 새로운 민족주의 선언이 평화의 시대를 열거라고 순진하게 믿었다. 많은 청년들이 그때 활짝 웃으며 김정은 그림 앞에 서서 손가락 하트를 만들며 인증샷을 찍은 것은 북한도발에 관한 교육을 받은 적이 없기 때문이라고 치자. 그러나 햇볕정책의 실패를 겪은 중년들의 낙관주의는 "무역사적 혼"과 국가정신 부재에서 오는 또 하나의 증명으로 밖에는 해석할 길이 없다.

이념 차원을 의식하지 못한 서구 코리아 워쳐들은 판문점 정상회담을 안전을 갈망하는 한국과 원조를 필요로 하는 북한 사이에 이루어진 극히 실용적인 만남으로 간주했다. 소위 매파에 속하는 전 국가안보 보좌관 존 볼튼조차 회고록에서 판문점 공동선언을 "놀랍게도 무난한 내용"이었다고 회상했다.[7] 문 대통령이 남북한 간의 정치·문화적 격차를 줄이겠다고 말했을 때, 미국인들은 당연히 그가 북한을 남한화할 것이라고 생각했다. 그가 한국의 정치 문화를 북한과 일치시키는 데 더 관심이 있었다는 것은 아무 미국 싱크탱크도 눈치채지 못했던 것 같다. 하지만 이는 싱크탱크들을 꽉 잡고 있는 CFR가 문

---

7 John Bolton(2020), *The Room Where It Happened*, 81.

대통령이 하는 일을 은밀히 지지하고 있었기 때문일 수 있다.

청와대가 남북연합 사업에 대한 직접적인 언급을 계속해서 자제했음에도 불구하고 친여 언론이 흥분한 나머지 국민들의 관심을 그 쪽으로 끌기 시작했다. 『한겨레』는 "'판문점 선언'에는 남북연합 통일 방안이 숨어 있다"라는 헤드라인을 냈고 남북연합의 건설은 물밑으로 시작해야 한다고 권고해 온 백낙청 서울대 명예교수는 2018년 가을호의 『창작과 비평』에서 "그 건설작업이 이미 진행 중임"을 거침없이 지적했다.[8] 이 파격적인 글은 친여 언론에서만 주목을 받았다.[9] 2018년 9월 개성에서 남북연락사무소가 문을 열면서 『한겨레』는 연합 구축을 더욱 커진 목소리로 환영했다.[10] 범여권에 속하는 민주평화당 최경환 의원은 "개성 연락사무소는 통일의 첫 단계인 남북연합의 길을 여는 것으로 역사적인 의미가 있다"고 평했다.[11] 이런 식으로 연방제 구축에 박수를 보내면서도 진보 진영은 연방제에 대한 모든 비판적인 언급을 "극우의 가짜 뉴스"라고 맹렬하게 비난했다. 그 이유로 '합리적 보수'로 보이려고 했던 야당은 이 중요한 주제를 회피했다. 미대사관도 남북연합 구축에 대한 우려의 목소리를 한번도 내지 않았다. 2002년 반미 열풍 이후 미국은 한국 민심을 잘못 건드릴

---

8 성한용, ''판문점 선언'에는 남북연합 통일 방안이 숨어 있다',『한겨레』, 2018.04.29. 백낙청, "어떤 남북연합을 만들 것인가: 촛불혁명 시대의 한반도,"『창작과비평』, 2018년 가을호 (181), 17-34, 17.

9 고명섭, "비핵화와 남북연합,"『한겨레』, 2018.08.27; 오대혁, "남북과 남녀, 그리고 눈부처,"『제주일보』, 2018.09.18.

10 이제훈, "남북, 개성 연락사무소 개소로 남북연합 제도화 첫발,"『한겨레』, 2018.09.12; (사설), "문 연 남북연락사무소, '한반도 평화·번영' 초석 돼야,"『한겨레』, 2018.09.14;

11 합동취재반, 최경환 "남북연락사무소, 남북연합 여는 의미.... 역사적 의미 있어,"『FN Today』, 2018.09.14.

까 두려워 무슨 일이 있어도 진보에 대한 비난을 자제하는 것 같다. 관건은 백악관이 물 밑으로 라도 불만을 표출했느냐 하는 것인데, 그런 기미조차 보이지 않았다.

나를 어리둥절하게 만든 건 문재인 대통령이 2018년 9월 19일 저녁 평양 5월 1일 경기장에서 열린 '빛나는 조국'을 김정은과 관람한 뒤에 한 연설이었다. 대한민국이란 국명이 부끄러운 듯 자신을 '남쪽의 대통령'이라고 지칭하면서 문 대통령은 다음과 같이 말했다.

> "여러분의 지도자 김정은 국방위원장께 아낌없는 찬사와 박수를 보냅니다. 이번 방문에서 나는 평양의 놀라운 발전상을 보았습니다. 김정은 위원장과 북녘 동포들이 어떤 나라를 만들어 나가고자 하는지 가슴 뜨겁게 보았습니다. 얼마나 민족의 화해와 평화를 갈망하고 있는지 절실하게 확인했습니다. 어려운 시절에도 민족의 자존심을 지키며 끝끝내 스스로 일어서고자 하는 불굴의 용기를 보았습니다."12

기가 차는 연설이었다. 독재자에게 "아낌없는 찬사와 박수"를 보내는 것도 모자라서 그가 모든 인권을 유린하면서 만들려 하는 나라를 칭찬하며, 북한이 "자신의 길을 가는" 것으로 남한 국민의 자존심도 지키고 있다는 말은 미국에 맞서 핵무기 개발을 계속하도록 촉구하는 것과 다름없다. 그러나 이 발언마저도 한국 보수나 백악관으로부터 그렇다 할 만한 반응을 끌어내지 못했다.

그러기는 고사하고 2019년 2월에 개최될 하노이 미북 정상회담에

---

12 "[평양정상회담] 5.1 경기장 남북정상 연설문 전문," 『겨레하나』, 2019.03.03.

대해 워싱턴에서 새어 나오는 모든 신호는 상당히 긍정적이었다. 미국무부는 이런 기대감을 부추기려고 동분서주했다. 스티븐 비건 국무부 차관보가 스탠퍼드대에서 "미국과 북한 간의 갈등이 계속되어야 하는 이유가 없다"라는 어이없는 발언까지 했다. 북한이 더 이상 한반도를 정복할 의사가 없다는 뜻이었나? 아니면 그런 목표를 품고 있어도 미국이 더 이상 신경 쓰지 않겠다는 뜻이었나? 심지어 "미국의 정책을 바꾸는 것으로 북한의 정책이 변하도록 노력해야 한다"는 의견도 표명했다. 분명히 국무부는 트럼프 대통령이 김정은에게 어느 정도 양보하도록 압력을 가하기 위해 이른바 스몰딜(small deal)에 대한 세계의 기대치를 높이려고 했던 것이다.

그러다 보니 청와대는 하노이 정상회담에서 적어도 개성공단이나 금강산 관광이 제재 대상에서 제외될 줄로 알았던 모양이다. 지나치다 싶을 정도로 낙관적이었던 문 대통령은 회담이 열리기도 전에 이미 그 다음 날 진행될, 즉 3·1 100주년 기념식에서 "신한반도 체제"에 대한 자신의 비전을 제시하겠다고 발표했다.

주인공인 "최고존엄"이 2월 27일 하노이에 도착했을 때 자신에게 유리한 협상이 타결될 것이라는 확신이 얼굴에 써 있었다. 회담에 참석했던 미국 관리 중의 한 명은 김정은이 더위로 숨이 찬 상태에서 땀을 너무 많이 흘려 "너무 나빠 보이기"는 했지만 기분은 아주 좋아 보였다고 나중에 나에게 말해 주었다.

나로서는 그날 트럼프가 돌이킬 수 없는 실수를 할 것만 같아 조마조마해서 일부러 뉴스보는 걸 피하고 수업 준비에 몰두했다. 몇 시간 후 참다 못해 인터넷에 들어가보니 회담이 결렬됐다는 보도를 보고 그제서야 안도의 숨을 쉴 수 있었다. 그날 밤 기분이 좋아 집 앞에서 택시를 잡아타고 광안리로 밤바다 바람을 쐬러 갔다. 택시 기사가 회담에 대한 보도를 크게 틀어 놓고 아주 행복한 얼굴로 듣고 있길래 내가 "잘 됐죠?"라고 했더니, 그는 활짝 웃으며 이제야 좀 마음이 놓인다고 말했다.

보수 진영이 정상회담의 결과에 대해 그렇게 걱정했다면 왜 사전에 미 대사관 앞에 대규모로 집결해 그 걱정을 백악관에 알리지 않은 걸까? 우파도 좌파만큼이나 국가정신이 부족하기 때문이라고 본다. 이와 대조적으로 보수는 1년 뒤 훨씬 사소한 조국 사태를 비난하러 엄청난 숫자로 거리에 나섰다. 자꾸 말해서 미안하지만, 국토 주체인 한국인들이 자국의 안보에 큰 관심을 보이지 않으면서 동맹국이 이를 중요시하기를 기대해서는 안 된다.

하노이 정상회담 바로 다음 날인 3·1 운동 100주년 기념식에 검은색 두루마기 차림으로 등장한 문재인 대통령은 매우 침울해 보였지만 원래 하기로 되어 있었던 급진적인 친북 선언을 주저하지 않고 했다. 핵심은 다음과 같다.

> 일제는 독립군을 '비적'으로, 독립운동가를 '사상범'으로 몰아 탄압했습니다. 여기서 '빨갱이'라는 말도 생겨났습니다. … 좌우의 적대, 이념의 낙인은 일제가 민족의 사이를 갈라놓기 위해 사용한 수단이었습니다. 해방 후에도 친일청산을 가로막는 도구가 됐습니다. 양민학살과 간첩조작, 학생들의 민주화운동에도 국민을 적으로 모는 낙인으로 사용됐습니다. … 지금도 우리 사회에서 정치적 경쟁 세력을 비방하고 공격하는 도구로 빨갱이란 말이 사용되고 있고, 변형된 '색깔론'이 기승을 부리고 있습니다. 우리가 하루빨리

청산해야 할 대표적인 친일잔재입니다. 우리 마음에 그어진 '38선'은 우리 안을 갈라놓은 이념의 적대를 지울 때 함께 사라질 것입니다.[13]

이는 평양 연설만큼이나 주목할 만한 글귀다. 한마디로 한반도의 분단은 남북 사이의 분단이 아니라, 민족을 사랑하는 남북 공동체와 소수의 남한 친일파 사이와의 분단이라는 취지다. 1945년부터 주장해 온 북한의 한반도관과 똑같다. 다만 미북 협상이 결렬된 마당에 다소 공허하게 들리기는 했지만 말이다. 그러나 이 장을 마무리하면서 나는 문 대통령이 국민을 기만했다는 비판으로부터 그를 변호하고 싶다. 그가 남북한에서 한 연설들은 그의 주요 목표가 무엇인지를 꽤 솔직하게 표했다. 문제는 보수 진영에 그 연설문을 주의 깊게 읽을 만큼 국가를 지키려는 사람이 별로 없었다는 것이다.

---

13 박정엽, 文대통령 100주년 3·1절 기념사 전문, 『조선일보』, 2019.03.01.

제 20 장

결론

　민주당 대선 후보는 2022년 선거에서 패배하기는 했지만, 이것은 그를 둘러싼 스캔들 때문이었지 문 정권의 대북 정책에 대한 심판은 아니었다. 따라서 다음에 들어서는 진보 정부가 한국인의 "마음에 그 어진 38선"을 지우려는 정치, 문화적 노력을 꼭 지속할 것이라고 믿어 의심치 않는다.

　나를 두렵게 하는 전망은 다음과 같다.

　남북 협력의 경제 효과를 순진하게 기다리는 국민들 대부분은 평화 체계의 지속적인 건설에 무관심하거나 호의적일 것이며 보수 진영에서도 심각한 저항은 없을 것이다. 그동안에 정권은 언론과 집회의 자유를 가짜 뉴스 예방과 평화유지라는 명목 하에 점차적으로 제한할 것이다. 한편 반미 독재와 손잡은 동맹국을 더 이상 신뢰하지 못하는 미국은 입으로는 여전히 "같이 갑시다"라고 하면서 주한 미군병력을 꾸준히 감축하고 한미동맹의 해체 준비를 진행해 나갈 것이다. 이를 위한 명분을 확보하기 위해 북한과 종전협정이나 평화협정을 체결하려고 노력할 것이다. 남북 협력을 불가능하게 만들었던 제재가 완화되면서 대북 원조가 햇볕정책 시기의 수준을 곧 바로 능가할 것이다.

끝이 보이지 않는 세금인상과 퍼주기에 지친 국민들에게 "평화체제"에 대한 환멸과 분노가 필연적으로 찾아올 것이며, 대통령 탄핵과 남북연합 해체를 요구하는 시위들이 전국적으로 번져 나갈 것이다. 어느 날 미 대사관 앞에서 미국의 도움을 요청하는 대규모 집회가 열리고, 경찰이 투입되고 시위자 중 몇 명이 크게 부상당하거나 죽게 되는 일이 생길 것이다. 북한은 미국이 남북연합의 내정에 간섭할 경우 이를 전쟁 행위로 간주하겠다고 경고를 해 올 것이다.

백악관은 미국 국토의 안전을 걸고 안보 불감증에 걸린 한국을 또다시 구출해야 하는지 선택해야 하는 기로에 서고 말 것이다. 과연 어떤 선택을 할까?

이는 결코 비현실적인 시나리오가 아니어서 지금이라도 남북연합에 대한 객관적인 교육은 물론이고 자유민주주의 국가정신을 강화하는 캠페인이 필요하다. 그러나 윤석열 대통령이 이 문제를 인식하고 있다는 징후는 전혀 보이지 않는다. 그러기는커녕 그는 2022년 근소한 차이로 당선된 지 2주도 지나지 않아 "한국 역사에서 절대권력의 상징인 청와대에서 나오겠다"라고 선언했다.[1]

이 한 문장만으로도 윤 대통령의 국가 상징에 대한 이해가 부족하다는 것을 알 수 있다. 돌려준다? 청와대는 이미 모든 국민의 것인데 그들에게 돌려준다고 하는 건 타당하지 않다. 그 우아한 상징물을 일종의 놀이공원으로 바꾸면 서울의 젊은 층에게는 인스타를 찍는 또 하나의 장소가 생기겠지만, 지방 곳곳에는 서울까지 갈 형편이 안 되는 시민들이 많다. 그들에게는 교과서, 신문과 텔레비전에서 의례 보

---

1 박순봉, 심진용, 문광호, 인수위 내부에서 커지는 '청와대 임시 거주론', 『경향신문』, 2022. 03.18.

면서 자란 청와대가 갑자기 박탈된 것이나 다름이 없다.

윤 당선인이 "절대 권력의 상징"이라는 말을 무슨 뜻으로 했는지는 명확하지 않다. 허술하기 짝이 없는 근거로 그토록 빠르게 탄핵되고 수감된 박근혜가 절대권력을 가졌다는 말인가? 아니면 박정희 등이 살았던 장소이기 때문에 민주화 35년 후에도 절대권력의 상징으로 봐야 하는 건가? 그렇다면 백악관을 노예제도의 상징이라고 버려야 하나?

독자도 알겠지만 청와대 해체를 결정한 배경에 대해서는 여러 가지 설이 있다. 가장 일반적인 것은 윤 당선인이 무속인의 조언을 따랐다는 것인데 대통령제를 약화하는 것으로 내각제로의 관문을 열어주려는 의도가 깔려 있었다는 이야기도 있다. 민주당이 예산 낭비라고 비판하면서도 이전을 방치했다는 점과 윤 대통령이 청와대의 본래 기능을 회복할 수 없도록 리모델링을 하겠다는 점을 고려하면 뒤의 설이 더 설득력이 있다. 어쨌든 그 결과로 대한민국에 유일하게 남아 있었던 진정한 국가 상징이 사라진 것이다.

용산으로의 집무실 이전은 개헌이 서행했어야 하는지에 대한 복잡한 문제와 관련해 나는 판단을 내릴 자격이 없지만 미국의 경우에는 어떤 법도 백악관 해체를 금지하지 않는다. 그럼에도 불구하고 만약 새로 선출된 대통령이 그러한 조치를 취한다면 대부분의 미국인들은 분노하며 "국민을 통합하는 상징물을 그렇게 싫어하면 왜 대통령 되고 싶었는가?"라고 말할 것 같다. 한국 보수 지식인 전민정은 여러 미국인들에게 누가 백악관을 이전하려 하면 어떻겠냐고 물어보았는데 다들 웃으며 "무슨 말 같지도 않는 소리를 하느냐"라는 식으로 답변했다고 한다.[2]

---

2 전민정과의 인터뷰, 윤석열칼럼세상TV, Youtube.com, 2023.09.11.

한국인 절반 이상이 청와대 이전을 반대한다는 여론 조사 결과가 나오기는 했지만 내 추측으로는 그렇게 응답한 자의 대부분이 이재명 후보를 찍었던 사람들이었다고 본다.[3] 어쨌든 태극기 세력들도 의외로 조용했고 정부 출범 이후 몇 개월 만에 집무실 이전 문제는 사그라들었다. 이제는 개인적으로 불만을 토로하는 보수는 배신자라는 비난을 받는다. 한국에서 늘 그랬듯이 국가를 지키는 것보다 자기 진영이 배출한 대통령을 지키는 것을 더 중요한 의무로 여긴다.

최근에 내가 몸을 담고 있는 대학에서 모든 교수들에게 윤석열 정부에서 제작한 안보 교육 동영상을 시청하도록 했다. 러시아 침략자들에 맞서 용감하게 싸우는 우크라이나 군인들의 모습을 집중적으로 다루며 한국 국민들이 그들의 안보 의식을 배웠으면 한다는 취지였다. 그러나 우크라이나인들이 그렇게 용감하게 싸우고 있는 이유는 생긴지 32년밖에 안 된 국가에 대한 강한 일체감을 느끼고 있기 때문이다. 국가정신 없이는 안보의식이란 있을 수 없다. 전자를 약화하면서 후자를 강화하려고 하는 것은 철거하는 집의 지붕에 새 기와를 얹는 것과 같다.

집권한 지 2년도 안 된 윤 대통령의 정책에 대한 긴 논의는 시기상조라고 생각한다. 대신 내가 대한민국을 많은 한국인보다 더 높이 평가하는 이유를 요약하는 것으로 이 책을 마무리하고자 한다.

첫째, 제1공화국 고위 공직자 다수가 일제 정부에서 복무했었다는 이유로 대한민국의 정통성을 부정하는 것은 잘못됐다고 본다. 그런 도덕주의 기준을 적용하면 전 세계의 모든 탈식민지 국가는 비합법

---

3 이윤주, 대통령 집무실 용산 이전 반대 53.6%·찬성 42.9%...여가부 폐지는 찬반 팽팽, 『한국일보』, 2022.03.24.

적이다(북한도 마찬가지다). 둘째, 건국 대통령이 전체주의적 적국의 공격 중에 국민의 인권을 크게 제한했다는 이유로 제1공화국을 부정하는 것에도 동의할 수가 없다. 비상 상황이 지속되는 동안 인권을 제한하는 것은 모든 자유민주주의 국가의 헌법에 의해 허용된다. 앞서 말했지만 이승만 대통령은 미국의 전쟁 대통령인 에이브러햄 링컨보다 덜 억압적이었다.

장면 정부하에서도 개선될 기미가 보이지 않던 극심한 빈곤은 또 다른 비상사태였다. 서구 역사학에 의해 지금은 이른바 선의의 독재자(benign dictator)로 인정받고 있는 박정희 대통령은 인권을 다시 대폭 제한하기는 했지만, 그 결과는 "한강의 기적"으로 돌아왔다. 전체주의 공격을 물리치고 눈부신 경제성장을 이끈 대한민국이 국민의 사랑을 받을 자격이 없다면 도대체 어떤 국가가 그럴 자격이 있는지 나는 알고 싶다.

거두절미하고 나는 과거 민주화나 노동운동 영웅들이 겪은 고통을 사소한 것으로 다룰 생각이 전혀 없다. 그러나 안타깝게도 역사상 대부분의 국가는 암울한 시기를 거쳐야 했다. "국가가 시작부터 완벽했느냐?"가 아니라 "국가가 민주주의 세력의 영향을 받아 스스로를 개혁했느냐"가 주요 질문이 되어야 한다고 생각한다. 후자의 기준으로 판단하면 대한민국의 초기 반세기는 노예제도를 고수하면서 원주민을 상대로 전쟁을 벌인 내 나라의 초기 50년보다 훨씬 더 좋았다.

다만 권위주의 대통령들의 노력으로 오늘날 대한민국의 존재가 가능하다고 해서 그들을 자유민주주의의 상징으로 미화만 해서도 안 된다고 본다. 특히 이승만 대통령의 명예 회복에 집착하는 것은 국가 정신 강화에 도움이 되기보다 이념적 양극화를 고착화할 것이다. 국가를 존중하는 역사학자들이 양쪽 진영의 "정리된" 신화들을 배척하고 현대사를 그 모든 복잡함 속에서 논의함으로써 좋은 본보기를 보여준다면 더 좋지 않을까 한다.

이 책을 읽는 어느 독자도 내가 한국 민족주의를 반대한다고 오해하지 않기를 바란다. 통제되지 않은 이민으로 큰 혼란에 빠진 미국이나 서유럽을 한국과 비교하면 건전한 정도의 민족주의적 배타주의가 긍정적으로 작용한다는 결론을 내릴 수밖에 없다. 그러나 영국 정치학자 배리 부잔이 그의 고전 『국가, 민족과 공포』(1983)에서 지적했듯이 민족의 분단에 의해 생긴 동족 국가들은 필연적으로 서로의 안보를 위협하게 된다. 그런 상황에서는 "국가라는 개념을 불안정하게 만드는 것은 바로 민족이다."[4] 그렇기 때문에 김일성이 소련의 앞잡이라는 둥 민족주의 논리로 극단 민족주의 북한을 규탄하는 선전전략은 처음부터 현명하지 못했다. 한국에서만 여전히 외국 군대가 주둔하고 있는 오늘날 정부가 오직 민족주의 상징과 전통만 아끼는 것은 더욱 어리석은 일이다. 민족주의적 관점에서 보면, 한국이 북한에 자랑할 수 있는 것은 기껏해야 고도 서울이 한국 영토에 있다는 사실인데 이 작은 자랑거리조차도 세종시로의 행정 수도 이전으로 인해 많이 희석되어 가고 있다.

문제는 국가정신 결여에 대한 나의 우려를 공유하는 한국인들도 대중이 흔히 '민족'이나 '조국'이라는 의미로 알아듣는 '나라,' 그리고 '민족주의'로 알아듣는 '애국심' 같은 모호한 단어를 잘 쓴다는 것이다. "5000년 역사를 자랑하는 대한민국"이라고 하는 보수주의자들도 있다. 훨씬 명확한 단어들인 '국가'와 '공화국'이 더 어색하게 들릴지

---

4 Barry Buzan(1983), *People, States and Fear*, 47.

도 모르지만 이 어색함을 극복하는 것이 첫 번째 관문이 아니겠는가?

나는 북한학자로서 이 책에서 안보문제에 대해 많은 관심을 기울여 왔지만 국가정신과 안보의식이라는 개념들도 깨끗이 분리되어야 한다. 두 단어들이 혼동되는 것은 많은 사람들로 하여금 국가에 대한 자부심이 군국주의로 귀결될 것이라는 두려움을 갖게 만들기 때문이다. 실질적으로는 국가주의를 배척하는 경우가 더 많다. 많은 미국인들이 1960년대에 성조기를 흔들며 평화시위에 참가한 것은 베트남전쟁이 자신이 사랑하는 국가의 헌법적 이상과 원칙에 부합하지 않는다고 생각했기 때문이었다.

그 뿐만 아니라 국가에 느끼는 소속감은 내부적으로 다른 시민에 대한 배려심을 키우고 사회학자들이 '무도덕적 가족주의'(amoral familism)라고 지칭하는 것,[5] 즉 가족을 위한 일이라면 법과 윤리를 어겨도 된다는 사고방식에 맞서는 역할도 한다. 가족주의로 잘 알려진 그리스와 이탈리아가 상대적으로 국가정신 수준이 낮은 나라들인 것은 우연이 아니다. 최근 모로코에서 큰 지진이 일어났고, 거의 동시에 리비아에서도 심각한 홍수가 있었다. 강인한 국가정신을 가진 모로코 국민들은 자국 고아와 노숙자들을 돕기 위해 리비아 사람들보다 훨씬 더 많은 인도주의 노력을 했다.[6]

많은 학자들과 언론인들은 한국도 무도덕적 가족주의가 문제라고 지적한 바 있다.[7] 나도 부산에서 지하철을 타거나 운전대를 잡을 때마다 "친구들에게는 그렇게도 잘 해주는 사람들이 왜 모르는 사람한

---

5 Edward Banfield(1958), *The Moral Basis of a Backward Society*.

6 Rupert Neate, Peter Beaumont, "Libya and Morocco: two very different responses to catastrophe," *Guardian* (UK), 2023.09.15.

7 김지은, 무도덕적 가족주의, 『한국일보』, 2019.12.15.

테는 기본적인 배려심조차 없는 걸까?"라는 생각이 들 정도인데, 아무래도 그 원인은 "fellow citizen"(독일어 Mitbürger)이라는 개념의 희박함에서 오는 것 같다. "Fellow Korean", 즉 동포라는 민족주의 개념은 있지만 같은 공화국 국민과의 연대감을 표하는 단어는 없다. 그래서 그런지 "우리 한국인만 깊이 느끼는 정"을 운운하는 소위 국뽕주의자들도 길거리에서 지나쳐가는 사람은 한국어의 가장 냉정한 단어, 즉 "남"으로 지칭하며 무시한다.

내가 학생들에게 한국이 모델로 삼아야 할 국가를 물으면 좌우를 막론하고 스위스라고 하는 대답이 가장 많다. 다른 말이 필요 없는 국가정신이 매우 투철한 공화국이다. 4개 민족이 서로 다른 언어를 사용하면서 자유민주주의 가치를 중심으로 자랑스럽게 단결하고 있어서 지역 갈등이라고 할 만한 마찰은 찾아볼 수 없다. 군국주의의 징후가 전혀 없지만, 필요하다면 언제라도 스스로를 방어할 준비가 되어 있는 나라로 알려져 있어서 2차 세계대전 당시 나치 독일이 감히 공격할 엄두를 내지 못했다.[8] 여전히 중립성을 지키고 있다는 말도 꼭 덧붙이고 싶다. 이 점은 한국이 미국과의 관계에서 더 단호한 태도를 보여야 한다고 믿는 진보 한국인들이 고려할 만하다. 한마디로 국가정신이 보수의 가치만으로 간주되어야 할 이유는 없다.

내 수업에서 이 주제를 논의하면 어떤 학생들은 "대한민국도 스위스처럼 부패도 별로 없고 인권이 잘 보장되고 다들 돈 잘 벌고 잘 살면서 서로를 평등하게 대해 주면 우리 한국인도 국가정신을 강하게 느끼지 않겠는가?"라는 식으로 말한다. 이미 성공한 국가만이 사랑받

---

8 Thomas Maissen, "Weshalb blieb die Schweiz im Zweiten Weltkrieg verschont?" *Neue Zürcher Zeitung*, 2018.08.31.

을 자격이 있다고 생각하는 것 같다. 그런 태도는 국가대표 축구팀이 월드컵에서 우승할 때까지 응원을 하지 않겠다는 것과 차이가 없다고 본다. 스위스 국민들이 훌륭한 공화국에 살고 있기 때문에 국가정신이 강한 것이 아니라 국가정신이 원래 강해서 찢어지게 가난했던 산악의 나라가 세계의 존경과 부러움을 한 몸에 받는 나라로 탈바꿈하게 된 것이다.

다르게 말하면 한국에서 난무하는 부패나 탈세, 보수가 비판하는 종북, 진보가 비판하는 종미, 이런 현상들이 전부 국가정신 부족의 원인이라기 보다는 그 결과이다. 국가정신이 투철한 한국일 수록 세계무대에 더 당당하게 나설 수 있을 뿐만 아니라, 내부적으로도 부정의에 대한 비판이 거세고, 징벌도 강해질 것이다. 보수, 진보, 중도, 모두가 국가정신의 중요성과 긍정성을 파악하고 이에 요구되는 상징, 신화, 전통 설립에 보다 절실하게 관심을 갖기를 바라는 마음이다.

내가 대한민국 대통령이라면 제헌절을 다시 공휴일로 지정하고 공휴일 목록에서 민족주의 명절인 개천절의 제외를 추진할 것 같다. 제헌절 기념사에서는 분열을 악화시키는 현대사에 대한 논의를

하는 대신 프랑스의 본을 받겠다. 프랑스 혁명 직후의 공포정치로 인해 너무 많은 피를 흘렸기 때문에 바스티유의 날(7월 14일)은 역사에 대한 긴 이야기 없이 기념된다. 대신 "자유, 평등, 박애"라는 혁명의 가치에 초점이 맞춰져 있다. 제헌절도 큰 공휴일로 만들고 현대 지향적인 방식으로 기념하기만해도 국가정신을 함양하는 데 큰 도움이 될 것이라고 믿는다.

이 책의 서두에서 나는 한국인에게 "이래라저래라" 하는 또 다른 오만한 서양인 작가가 되지 않겠다고 약속했지만, 마지막 부분에 와서는 그래도 조언을 하게 되었다. 이 나라, 이 민족, 이 국가에 대한 애정과 미래에 대한 걱정에서 비롯된 조언임을 독자들이 이해해 주었으면 한다.

참고문헌 _____

김민환(2006), 『민족일보 연구』, 나남.

김성칠(2009), 『역사 앞에서: 한 사학자의 6·25 일기』(개정판), 창비.

김영환(2012), 『시대정신을 만하다』, 시대정신.

김육훈(2007), 『살아 있는 한국 근현대사 교과서』, 휴머니스트.

김일성(1960), 「사상 사업에서 교조주의와 형식주의를 퇴치하고 주체를 확립할데 대하여(1955.12.28)」, 『김일성 선집』, 조선로동당출판사, 4: 325–354.

김진명(2006), 『무궁화 꽃이 피었습니다』, 송영석.

김질락(2011), 『어느 지식인의 죽음: 김질락 옥중 수기』, 행림서원.

남시욱(2018), 『한국 진보 세력 연구』, 청미디어.

민경우(2021), 『86세대 민주주의』, 인문공간.

박갑동(1983), 『박헌영』, 인간신서.

박갑동(1991), 『통곡의 언덕에서: 남로당 총책 박갑동의 증언』, 서당.

박정희(1969), 『박정희 대통령 선집』, 지문각.

박지향 외(2006), 『해방 전후사의 재인식』, 책세상.

백낙청(2018), 「"어떤 남북연합을 만들 것인가: 촛불혁명 시대의 한반도,"」 『창작과비평』, 2018년 가을호, 17–34.

백낙청(2012), 『2013체제 만들기』, 창비.

변희재(2022), 『변희재의 태블릿, 반격의 서막』, 미디어워치.

슈펭글러, 오스왈드(1995), 『서구의 몰락』, 범우사.

유영구(1993), 『남북을 오고 간 사람들』, 글.

윤학준(1995), 『나의 양반문화탐방기』, 길안사.

이기봉(1992), 『빨치산의 진실』, 다나.

이영훈(2013), 『대한민국역사』, 기파랑.

이영훈 외(2019), 『반일 종족주의: 대한민국 위기의 근원』, 미래사.

이영훈 외(2019), 『반일 종족주의와의 투쟁』, 미래사.

이준구, 이해성(2017), 『북한의 변호인 노무현』, 비봉출판사.

전민정(2022), 『국민은 청와대 이전을 반대한다』, 오색필통.

정기종(2002), 『별의 세계』, 문학예술출판사 (평양).

정태영(1991), 『조봉암과 진보당』, 한길사.

째르치즈스키, 표도르(2018), 『김일성 이전의 북한: 1945년 8월 9일 소련군
　　참전부터 10월 14일 평양 연설까지』, 한울아케데미.

한기홍(2012), 『진보의 그늘: 남한의 지하 혁명 조직과 북한』, 시대정신.

현길언(2016), 『정치권력과 역사왜곡』, 태학사.

황석영(2008), 『오래된 정권』, 창비.

황장엽(1998), 『북한의 진실과 허위』, 시대정신.

황장엽(2006), 『회고록』, 시대정신.

Badiou, Alain (2012), *The Rebirth of History: Times of Riots and Uprisings*,
　　Verso.

Baker, Andy; Cupery, David (2023), "Animosity, Amnesia, or Admiration?
　　Mass Opinion Around the World Toward the Former Colonizer,"
　　British Journal of Political Science, 2023.02.15, 1－18.

Banfield, Edward (1958), *The Moral Basis of a Backward Society*, Free
　　Press.

Bolton, John (2020), *The Room Where It Happened*, Simon & Schuster.

Buchheim, Hans (1962), *Totalitäre Herrschaft*, Kösel.

Buzan, Barry (1983), *People, States and Fear*, University of North Carolina
　　Press.

Corner Paul (ed.) (2017), *Popular Opinion in Totalitarian Regimes*,
　　Oxford University Press.

Cumings, Bruce; Halliday, Jon (1988), *Korea: The Forgotten War*, Viking.

Cumings, Bruce (2005), *Korea's Place in the Sun*, W.W. Norton & Co.

Cumings, Bruce (2004), *North Korea: Another Country*, The New Press.

Cumings, Bruce (1981), *The Origins of the Korean War*, Princeton University Press.

DiLorenzo, Thomas J. (2003), *The Real Lincoln*, Crown Forum.

Dominguez, Jorge (2011), *The Perfect Dictatorship? South Korea versus Argentina, Brazil, Chile and Mexico*, Harvard University Press.

Hoare, George; Sperber, Nathan (2016), *An Introduction to Antonio Gramsci*, Bloomsbury Academic.

Jo, Kyu−hyun (조규현) (2019), "The Rise of the South Korean Left, the Death of Unitary Socialism, and the Origins of the Korean War, 1945−1947," University of Chicago ProQuest Dissertations Publishing.

Kim, Hakjoon (김학준) (2010), *The Domestic Politics of Korean Unification: Debates on the North in the South*, Jimoondang.

Kim, Suzy (2016), *Everyday Life in the North Korean Revolution*, Cornell University Press.

Klemperer, Viktor (1999), *Ich will Zeugnis ablegen bis zum letzten: Tagebücher 1933−1945*, Aufbau.

Lankov, Andrei (2005), *Crisis in North Korea*, University of Hawaii Press.

Lankov, Andrei (2002), *From Stalin to Kim Il Sung: The Formation of North Korea, 1945−1960*, Rutgers University Press.

Laughland, John (2016), *A History of Political Trials*, Peter Lang.

Myers, B(rian) R. (2010), *The Cleanest Race: How North Koreans See Themselves and Why It Matters*. Melville House.

Myers, Brian (1994), *Han Sorya and North Korean Literature: The Failure of Socialist Realism in the DPRK*, Cornell East Asia Series.

사랑받지 못하는 공화국

Myers, B(rian) R. (2015), *North Korea's Juche Myth*, Sthele Press.

Myers, B(rian) R. (2011), "North Korea's State Loyalty Advantage," *Journal of International Affairs*, Vol. 65, No. 1 (Fall/Winter 2011), 115－129.

Myers, B(rian) R. (2017), "They Are Under Our Influence": North Korea and the Socialist Mass Party (1960－61), *Journal of Contemporary Korean Studies*, 2017.11, 157－180.

Perloff, James (2015), *Shadows of Power: The Council on Foreign Relations and the American Decline*, Western Islands.

Pohl, J. Otto (1999), *Ethnic Cleansing in the USSR, 1937－1949*, Praeger.

Quaritsch, Helmut (2018), *Positionen und Begriffe Carl Schmitts*, Duncker & Humblot.

Rice, Condoleezza (2011), *No Higher Honor: A Memoir of My Years in Washington*, Crown Publishers.

Röhl, Bettina (2006), *So macht Kommunismus Spaß! Ulrike Meinhof, Klaus Reiner Röhl, und die Akte konkret*, Europäische Verlagsanstalt.

Schäfer, Bernd (2003－2004), "Weathering the Sino－Soviet Conflict: The GDR and North Korea, 1949－1989," Cold War International History Project Bulletin, Isssue 14/15, 25－38.

Schüddekopf, Otto－Ernst (1962), *Linke Leute von Rechts*, Kohlhammer.

Shoup, Laurence H.; Minter, William (2004), *Imperial Brain Trust: The Council on Foreign Relations and United States Foreign Policy*, iUniverse.

Song, Ki－jo (성기조) (1983), *Debasement and Other Stories*, translated from the Korean by Yun Ju－chan and Bruce Fulton, Fremont Publications.

Szalontai, Balazs (2005), *Kim Il Sung in the Khrushchev Era, 1953－1964*, Stanford University Press.

Weathersby, Kathryn (1993), "Soviet Aims in Korea and the Origins of the Korean War, 1945−1950," Cold War International History Project, Working Paper #8.

Weiss, Volkmar (2012), *Die Intelligenz und ihre Feinde: Aufstieg und Niedergang der Industriegesellschaft*, Ares.

찾아보기

저자약력

브라이언 마이어스

뉴저지에서 태어나 버뮤다와 남아프리카에서 자랐다. 서독 루르 대학교에서 러시아학 석사 학위, 튀빙겐대학교에서 한국학 박사 학위를 받았다. 현재 동서대학교 국제학과에서 학생들을 가르치고 있다. 저서로는 『Han Sorya and North Korean Literature』(1994), 『A Reader's Manifesto』(2002), 『The Cleanest Race』(2010), 『North Korea's Juche Myth』(2015) 등이 있다.

사랑받지 못하는 공화국

초판발행   2024년 2월 8일

지은이   브라이언 마이어스
펴낸이   안종만·안상준

편 집   윤혜경
기획/마케팅   박부하
표지디자인   권아린
제 작   고철민·조영환

펴낸곳   (주) **박영사**
서울특별시 금천구 가산디지털2로 53, 210호(가산동, 한라시그마밸리)
등록 1959. 3. 11. 제300-1959-1호(倫)

전 화   02)733-6771
f a x   02)736-4818
e-mail   pys@pybook.co.kr
homepage   www.pybook.co.kr
ISBN   979-11-303-1884-4   03300

정 가   17,000원